Klaus Huhn

Rückblick zu Erich Honecker

SPOTLESS

ISBN 978-3-360-02016-1

spotless erscheint in der edition ost
Redaktion: Frank Schumann

Umschlaggestaltung/Satz: edition ost
Cover-Foto: Herzliche Begrüßung des Diktators und Oberhauptes des Unrechtsstaates DDR, Erich Honecker (SED), durch den Bundeskanzler der Bundesrepublik Deutschland, Dr. Helmut Kohl (CDU), in der BRD-Hauptstadt Bonn, September 1987
Druck und Bindung: Finidr

Ein Verlagsverzeichnis schicken wir Ihnen gern:
Das Neue Berlin Verlagsgesellschaft mbH
Neue Grünstr. 18, 10179 Berlin
Fax 01805/35 35 42
Tel. 01805/30 99 99
(0,14 Euro/Min. aus dem deutschen Festnetz, abweichende Preise für Mobilfunkteilnehmer)

Die Bücher von spotless werden von der
Eulenspiegel Verlagsgruppe vertrieben.
Bezug im Abonnement: 12 Ausgaben im Jahr,
Jahresabonnement Inland 59,50 Euro,
Europa 74,50 Euro, Welt 84,50 Euro
Einzelausgabe: 5,95 Euro
www.edition-ost.de

Inhalt

Die kein anderes Leben außer dem ihrigen fördern,
leben nur ein schwaches Leben

Bertolt Brecht,
in: Buch der Erfahrungen

Wir wissen nicht

ob Erich Honecker die nebenstehenden Zeilen von Brecht je gelesen hat, aber kaum jemand würde wohl wagen zu behaupten, dass dieser sein Leben damit vertan habe, nur das eigene zu fördern.

Demzufolge gilt: Wenn Brecht mit dieser These Recht hatte – und kaum jemand stellt das in Frage – lebte Erich Honecker kein schwaches Leben.

Dieses Leben in einem schmalen Taschenbuch beschreiben zu wollen, musste zu einem Wagnis werden, das viel Spielraum für Vorwürfe bietet. Hinzu kam, dass allein die nach 1990 erschienenen »Biographien« über Erich Honecker Regale füllen. Dass deren Autoren mit der Wahrheit locker umgingen, ist hinlänglich bekannt und wurde sogar von Gerichten bekräftigt. Die meisten Schreiber wurden dafür großzügig finanziert und erledigten mit ihrer Tätigkeit letztlich höheren Orts erteilte Aufträge. Der Ordnung halber verweist der Autor darauf, dass er ausschließlich mit dem im Verlegerwesen üblichen Honorar rechnen kann.

Auch das erhärtet sein Motiv, Wahrheit zu verbreiten, was auch dadurch bekräftigt wurde, dass er Erich Honecker oft genug begegnet ist, um sich selbst ein Bild von ihm machen zu können und nicht – wie die meisten anderen Autoren von Honecker-Biographien – auf Hörensagenquellen oder sogenannte Akten angewiesen war.

Der Autor bekennt, dass er sich während der Arbeit an diesem Buch einen Satz an seinen PC geklebt hatte, den Leo Tolstoi einst in einem Brief an Bernhard Shaw geschrieben hatte: »Das Leben ist eine große und ernste Angelegenheit, und wir alle müssen in dieser kurzen uns gewährten Frist versuchen, unsere Bestimmung zu finden und sie so gut wie möglich zu erfüllen.«

Ich hatte diese Worte gewählt, weil ich überzeugt davon bin, dass Erich Honecker sein Leben lang danach gestrebt hatte!

Zum Beispiel Geburtstage …

Wie vehement Erich Honeckers Leben war, lässt sich zum Beispiel an Geburtstagen ablesen.

Wer ihm zu seinem 25. Geburtstag am 25. August 1937 gratulieren wollte, musste den Glückwunsch an das Zuchthaus Brandenburg-Görden adressieren, wo allerdings die Post, die ein Insasse erhalten durfte, streng limitiert war.

An seinem 75. Geburtstag erreichten ihn im Haus des Vorsitzenden des Staatsrates der DDR Berge von Glückwünschen. Darunter war auch der des Präsidenten der Bundesrepublik Deutschland, Richard von Weizsäcker: »… gratuliere ich herzlich und übermittle Ihnen meine besten Wünsche. In Erinnerung an unser früheres eingehendes und wertvolles Gespräch, freut es mich, dass sich in den nächsten Wochen die Gelegenheit bieten wird, diesen Gedankenaustausch mit Ihnen weiterzuführen …« Bundeskanzler Kohl schrieb »… wünsche Ihnen gute Gesundheit, Schaffenskraft und persönliches Wohlergehen. […] freue mich, dass wir uns bei Ihrem bevorstehenden Besuch in Bonn wieder begegnen werden …«

Die Liste der Gratulanten dieses Tages könnte den Umfang eines Telefonbuchs annehmen. Sie reichte vom dänischen Ministerpräsidenten über den Präsidenten der Republik Mexiko bis hin zum Vorsitzenden einer Landwirtschaftlichen Produktionsgenossenschaft im Erzgebirge. Weder Weizsäcker noch der mexikanische Präsident oder der LPG-Vorsitzende aber waren von irgendjemandem dazu ermuntert oder gar aufgefordert worden.

Zu seinem 80. Geburtstag stapelte wieder ein Gefängnisaufseher die eingegangenen Glückwünsche und händigte ihm keineswegs alle aus, da die Justizverwaltung des Senats von Berlin die Zahl nach den Vorschriften für Häftlinge wie seinerzeit in Brandenburg begrenzt hatte. Dort, wo Honecker seinen 80. Geburtstag beging, verbrachte er auch noch den 81. und das – wahrlich kein Grund für Wiedersehensfeiern – im gleichen Knast, in welchem er schon seinen 24. Geburtstag erlebt hatte.

Der einzige Unterschied: 1937 hatte ihn die faschistische Justiz inhaftiert, 1992 veranlasste es die der Bundesrepublik Deutschland, die sich selbst als Rechtsnachfolger des Deutschen Reiches sah und sieht.

Diese »Einführung« illustriert am simplen Beispiel von in unterschiedlicher Umgebung verbrachten Geburtstagsfeiern, wie bewegt das Leben des Erich Honecker war. Und dabei war es in keiner Phase das Leben eines Abenteurers oder eines Vaganten, sondern immer bestimmt von Zielen, die selbst ihm nicht Wohlgesinnte nicht unredlich nennen könnten.

Erich Honecker starb mit 82 Jahren in ferner Fremde, sein 100. Geburtstag nähert sich. Bis heute konnte seine Urne nicht begraben werden, weil er deutsche Erde als letzten Willen zur letzten Ruhestätte bestimmt hatte.

Das Land, für das er die zweite Hälfte seines Lebens hingegeben hatte, wurde zwar von den Landkarten gelöscht, geriet aber deswegen nicht in Vergessenheit. Es beschäftigt noch immer Millionen Gemüter und erbost ständig Politiker, die sicher gewesen waren, dass sich das Vergessen einstellen würde, wenn man Erich Honecker nur eifernd genug als Verbrecher abtut.

Ungeachtet dessen heute an ihn zu erinnern, könnte leicht neuen Obrigkeitszorn auslösen, was ihn selbst sicher nicht gestört hätte, weil er zu oft das Opfer von Obrigkeitszorn geworden war und eben zu viele Geburtstage hinter Zuchthausgittern verbracht hatte.

Sich seiner wieder zu erinnern, könnte aber auch geboten sein, weil er in seinen schweren Stunden am Lebensende erleben musste, dass Gefährten langer Jahre glaubten, ihm Schuld anlasten zu sollen, obwohl das gemeinsame Werk vor allem durch den Verrat eines Verbündeten gescheitert war. Das könnte ihn schwerer getroffen haben als der unbändige Zorn derjenigen, die ihn immer gehasst hatten.

Festzustellen gilt: Dieses Buch wurde nicht geschrieben, um einmal mehr »für« oder »wider« ihn zu plädieren, sondern um seiner Persönlichkeit wenigstens halbwegs gerecht zu werden.

Bewegter Lebenslauf

Ein auch nur halbwegs lückenloser Lebenslauf Erich Honeckers würde Bände füllen. Deshalb stand der Autor vor der Aufgabe, sich für eine Variante zu entscheiden, die Überblick bietend, auf viele Details verzichtet. Eine mögliche – wenn auch gewagte – Lösung war, Erich Honeckers eigene Darstellung durch Fakten-Tabellen zu ergänzen, die aus triftigem Grund einer Aufstellung des von der Bundesregierung finanzierten Deutschen Historischen Museums entnommen wurden. Damit sollte von vornherein dem so gern ins Feld geführten Vorwurf der einseitigen Voreingenommenheit begegnet werden.

Die Grundlage für diesen verknappten Lebenslauf hatte Erich Honecker selbst geschaffen, als er in den späten 70er Jahren auf Wunsch des anglo-amerikanischen Verlegermillionärs Robert Maxwell für dessen Buchreihe »Führende Persönlichkeiten der Welt« seinen Lebenslauf zu Papier gebracht und diesen mit der Frage begonnen hatte: »Soll man es begrüßen oder beklagen, dass sich die Geburt eines Menschen seiner eigenen Wahrnehmung oder Erinnerung entzieht?«

Er fügte die Frage an: »Wie mag meiner Mutter zumute gewesen sein an jenem Sonntag, dem 25. August 1912, als sie mich in Neunkirchen, im Hause Karlstraße 26 (heute Max-Braun-Straße 26), in unserer Mansardenwohnung zur Welt brachte? Und wie meinem Vater, dem Bergarbeiter Wilhelm Honecker, geboren am 8. März 1881 in Wiebelskirchen, damals also 31 Jahre alt? Meine Mutter war 29. Sie war am 2. Juni 1883 als Karoline

Weidenhof in Neunkirchen geboren worden. Meine Eltern hatten am 9. Dezember 1905 den Bund fürs Leben geschlossen. Sie waren glücklich verheiratet und kinderlieb. Sie haben jederzeit alles, was in ihren Kräften stand, für ihre Kinder und Kindeskinder getan.«

Und der Autobiograph vermutete: »Gewiss wird es an Glückwünschen der Verwandten und Bekannten zur Geburt eines ›Sonntagskindes‹ nicht gefehlt haben. Doch sorgenfrei ist dieser Sonntag für Karoline Honecker und ihren Mann bestimmt nicht gewesen. Von nun war für vier Kinder zu sorgen, für Katharina, Käthe genannt, geboren am 19. Februar 1906, für Wilhelm, Willi genannt, am 22. September 1907 geboren, für Frieda, geboren am 11. Mai 1909, und für das ›Sonntagskind‹. Später sollten noch zwei Geschwister hinzukommen: Gertrud, am 8. März 1917 und Karl-Robert, am 12. Februar 1923. Sechs Kinder waren seinerzeit keine Seltenheit. Sie großzuziehen ist meiner Mutter indes nicht leicht gefallen. Ich habe sie als eine tapfere Frau in Erinnerung.

Neunkirchen war ein verrußtes Nest. In den dumpfen Behausungen grassierte die Tuberkulose, jene Proletarierkrankheit, der auch meine Schwester Käthe im Alter von nur 19 Jahren zum Opfer fallen sollte. Mein Großvater Andreas hatte im nahen Wiebelskirchen schon 1869 ein Häuschen gebaut, in das wir am 1. Dezember 1913 zogen. Die Wohnung im Erdgeschoss war vermietet, wir lebten in den vier Räumen im ersten Stock und den zwei Dachkammern.

Die Orts- und Luftveränderung hat den Honeckers gewiss Mühen abverlangt, aber auch manches erleichtert. Saar-Bergarbeiter wussten um ihre Ausbeutung. Für eine

Zehn-Stunden-Schicht unter Tage wurden ihnen 1912 in den preußischen Fiskalgruben höchstens 4,83 Reichsmark gezahlt. Zur gleichen Zeit betrug der Schichtlohn im Ruhrbergbau immerhin 6,02 Reichsmark.

Ein Kilo Butter kostete damals 4,80 Reichsmark. Also: Zehn Stunden harter Knochenarbeit unter Tage für ein Kilo Butter!

Wer unter diesen Umständen das Geld für den Unterhalt eines noch so bescheidenen Häuschens aufbringen wollte, musste täglich anderthalb Schichten fahren und Frau und Kindern einen Nebenerwerb zumuten. An Werksessen, Kindergärten oder Krippen war nicht zu denken.«

*

»Der erste Weltkrieg hatte gut drei Wochen vor meinem zweiten Geburtstag begonnen. Was an Erinnerungen von der Zeit danach blieb, war Vater ›im Felde‹, die Mutter in einer Schlange vor der Bäckerei. Wir Kinder leckten schon mal am Sirup im Küchenschrank oder kosteten die Kartoffelsuppe für den nächsten Tag.

Mein Vater war Matrose der kaiserlichen Marine und zeitweise als Marinesoldat in Flandern. Als er heimkehrte – damals Mitglied der USPD – gab es in Wiebelskirchen schon einen Arbeiter- und Soldatenrat. Anfang November 1918 war die Fahne mit dem kaiserlichen Adler auf dem Heereszeugamt in Wiebelskirchen niedergeholt und die rote Fahne aufgezogen worden.«

*

»In unserem Haus trafen sich ab Ende 1918 regelmäßig Kollegen und Genossen meines Vaters. Er duldete, dass ich trotz seiner Bitte, nicht zu stören, mitunter in den Raum kam, in dem diskutiert wurde – über verschiedene politische Fragen, vor allem über die Lage im Bergbau, im Hüttenwerk und in der Grube Deschen, in der mein Vater bis zu seiner Entlassung 1935 Vertrauensmann und Sicherheitsmann war. Er versuchte mir zu erklären, warum die Reichen reich und die Armen arm sind, wie Kriege entstehen, wer an Kriegen verdient und wer unter ihnen leidet. Mit der Zeit gewann ich ein klares Weltbild.«

*

»1977, als ich meinen 65. Geburtstag feierte, hatten bundesdeutsche Medien eine Umfrage bei meinen ehemaligen Schulkameraden in Wiebelskirchen durchgeführt. Die Reporter erhielten durchweg positive Auskünfte. Ich sei ›ein netter Kerl‹ gewesen und ›in der Schule ein guter Rechner‹. Einige erinnerten sich auch, ›dass sich der Erich schon sehr früh politisch betätigt hat‹.«

Tatsächlich war Erich H. schon kurz nach seinem zehnten Geburtstag Mitglied der Kommunistischen Kindergruppe Wiebelskirchen geworden.

»Wir zogen gemeinsam hinaus ins Grüne – mit Gesang, versteht sich –, erfreuten uns an den Schönheiten der Natur und lernten die saarländische Heimat näher kennen. Wir trieben Sport, spielten Theaterstücke, zum Beispiel ›Spartakus – der Sklavenbefreier‹, übten Lieder für Versammlungen und Kundgebungen der Partei und trafen uns zu unterhaltsamen und lehrreichen Nachmittagen, die mitunter auch auf dem Dachboden meines Elternhauses stattfanden.«

*

Erich Voltmer, ein auch von den Reportern Befragter, erinnerte daran, dass die Dorflinde zentraler Treff in Wiebelskirchen gewesen war: »Das war die Stelle, an der wir oft diskutierten: Kommunisten, Sozialdemokraten, katholische Jugend. Honecker war der Wortführer der Kommunisten. Es ging manchmal nächtelang.«

Die Debatten, erinnerte sich Voltmer, waren »meistens sehr laute Diskussionen, aber Honecker machte dabei eine Ausnahme. Er war kein Brüller, kein Schreier, er hat versucht, durch Argumente zu überzeugen.«

Der Reporter: »Es wird gesagt, dass Honecker nicht trank und nicht rauchte, war er denn wirklich so solide?«

Voltmer: »Ja, war er absolut.«

Honecker selber zu dieser Auskunft: »So absolut würde ich selbst das nicht sagen. Ich war kein ›Heiliger‹, war nie ein ›Kind von Traurigkeit‹. Habe auch damals gern ein Bier getrunken, obgleich das Geld knapp war und ich auch wusste, dass der Alkohol ein schlimmer Feind sein kann. Geraucht habe ich später auch, bin aber im fortgeschritteneren Alter auf Anraten der Ärzte wieder davon abgekommen. Zu einer gesunden Lebensführung trug meine Aktivität im Arbeiterturn- und Sportverein ›Fichte‹ in Wiebelskirchen bei, wo ich an Gymnastik und Geräteturnen teilnahm und Handball spielte.«

*

Die erste große Reise seines Lebens führte ihn quer durch das Reich, nach Hinterpommern, wo er staunend eine so andere Welt erlebte, eine zum Beispiel, in der die Frauen auf dem Lande ihre Männer noch mit »Sie« anredeten.

Für den Anlass zu dieser Reise hatte immerhin der Völkerbund gesorgt. Ein hunderttägiger Streik der Saarkumpel 1923 offenbarte die soziale Notlage der Bergarbeiter, und deshalb wurde eine Art Kinderlandverschickung in die Wege geleitet, die Erich Honecker in den großen Ferien der letzten Schuljahre auf den Hof des Bauern Streich in Neudorf gelangen ließ.

Einer seiner »Biographen« konstruierte daraus die Tatsache, dass er seine berufliche Laufbahn als »Knecht« begonnen habe. Das beschränkte sich jedoch darauf, dass er seine Bettstatt in einem Verschlag neben dem Pferdestall hatte. Er muss sich auf dem Hof wohlgefühlt haben, denn die Familie Honecker entschloss sich, ihm Ostern 1926, als er die Schule beendet hatte, eine Fahrkarte nach Neudorf zu kaufen, weil er dort wenigstens nicht arbeitslos war. Zwei Jahre rackerte er auf dem Hof und konnte den Bauern auch überreden, dass in den Sommerferien Erichs Schwester Gertrud kommen durfte.

Das Ansehen, das er sich erworben hatte, führte sogar dazu, dass ihm der Bauer erlaubte, am 1. Mai mit den Kommunisten im nahen Bublitz zu demonstrieren.

Die Reisen von der Saar an die Ostsee und zurück, führten ihn auch durch Berlin. Er erinnerte sich: »Obgleich ich als Durchreisender im Grunde nur die Bahnhöfe wechselte, übte die Hauptstadt einen faszinierenden Eindruck auf mich aus.«

Zeit, die Stadt zu entdecken, blieb ihm nicht. Der Weg auf der Rückfahrt vom Stettiner Bahnhof, auf dem er ankam, und dem Anhalter Bahnhof, von wo die Züge in den Süden fuhren, ließ ihm kaum Zeit für einen Bummel durchs Zentrum.

Als seine »Landwirtschaftslaufbahn« vorüber war, galt es eine Lehrstelle zu finden. Dank der Fürsprache seines Onkels Ludwig Weidenhof begann Erich beim Dachdeckermeister Müller eine Lehre und wurde dort auch bald Mitglied der Gewerkschaft der Holzarbeiter.

Zu jener Zeit gehörte es schon zu seinen Gewohnheiten, alljährlich an den Reichsjugendtreffen des Kommunistischen Jugendverbandes teilzunehmen, obwohl es ihm oft nicht leicht fiel, das dafür nötige Fahrgeld zusammenzubringen. 1930 war ihm kein anderer Ausweg geblieben, als schweren Herzens das Fahrrad, das ihm die Eltern geschenkt hatten, zu verkaufen und mit dem Erlös das Ticket nach Leipzig zu bezahlen, wo er dann begeistert am Treffen der Hunderttausend teilnahm.

Bald darauf fiel eine für sein Leben gravierende Entscheidung: Die Partei hatte ihn für einen Einjahreslehrgang an der Internationalen Lenin-Schule in Moskau vorgeschlagen. Er entschloss sich, seine Lehre abzubrechen. Die Reise an die Moskwa hatte für ihn Vorrang. Als er dort auf dem Belorussischen Bahnhof angekommen war, machte er sich zu Fuß auf die Suche nach dem Hotel »Lux«, fand es aber nicht. Er marschierte zurück zum Bahnhof, und ein Taxifahrer fuhr ihn dorthin. Im »Lux« wies man ihm den Weg. Die Schule der Kommunistischen Internationale – kurz KI – lag nur wenige Schritte vom Kreml entfernt, und als er sich dort anmeldete, traf er eine Frau, der er noch oft begegnen sollte: Lea Lichter. Sie wurde später die Frau von Fritz Große, der zu DDR-Zeiten Botschafter in Prag war.

Mit Anton Ackermann teilte er in der Schule ein Zimmer, zu seinen Lehrern gehörte Fred Oelßner.

Während des Studiums nahm er an mehreren Tagungen teil. So am IX. Kongress des Komsomol im Januar 1931, wo man ihn sogar ins Präsidium wählte. Als er eingeladen wurde, an einer Tagung des Obersten Sowjets teilzunehmen, begegnete ihm dort der Reitergeneral Budjonny, ein Erlebnis, das er nie vergaß, zumal einer seiner Lehrer ihn dem legendären Helden vorstellte.

Als das Studium vorüber war, erhielt er die Abschlussnote 5 – die beste auf der russischen Notenskala. In den Beurteilungen, die er aber erst Jahre später bei einem Besuch in Moskau zu sehen bekam, las er: »Zeigte beim Studium Interesse und Begabung, ein starker und selbständiger Junge, wird zur Teilnahme an der Prüfung empfohlen.« Seine schriftlichen Arbeiten waren mit »gut« bewertet worden.

In der Beurteilung hieß es weiter: »Ein sehr begabter und fleißiger Genosse, tat sich durch seine aktive Teilnahme an Konferenzen und Konsultationen hervor. Hat sich den Stoff des Lehrgangs gründlich angeeignet. Versteht es ganz gut, die Theorie mit dem Klassenkampf in Deutschland zu verbinden. Erfüllte den Studienauftrag gewissenhaft.« Sein Kommentar: »Mit der 5 konnte ich zufrieden sein!« Während des Jahres in Moskau war Honecker auch Mitglied des Komsomol geworden.

Im Sommer 1931 beteiligte er sich noch an einem Arbeitseinsatz beim Aufbau des Metallurgischen Kombinats in Magnitogorsk. Daran erinnerte er sich später recht gut: »Wir waren eine Gruppe von 28 deutschen Jungkommunisten, die als Brigade in den Südural fuhr, um den Aufbau dieses Projekts des ersten Fünfjahrplanes zu unterstützen. Die Arbeitsbedingungen waren unvorstellbar schwierig. Dort, wo heute hochgeschossige, komfortable Wohnhäuser das Bild einer modernen Stadt mit 340.000 Einwohnern bietet, standen damals Zelte und Lehmhütten in der Steppe. Die Verpflegung reichte oft nicht. Die Bauarbeiter, viele von ihnen waren gerade angeworbene Bauern, trugen noch selbst geflochtene Bastschuhe. Nachts, wenn der Arbeitslärm abebbte, wehten ihre schwermütigen Lieder durch die Steppe.

Dort, wo sich bis 1929 ein unberührter Eisenerzberg erhoben hatte, floss im Januar 1932 das erste Roheisen, und im Juli 1933 folgte der erste Stahl.

*

Nach der Rückkehr aus Moskau übertrug ihm das ZK des Jugendverbandes die Funktion des Sekretärs für Agitation und Propaganda im Saargebiet.

Dort sammelte er auch erste Erfahrungen im Kampf gegen die zur Macht drängenden Faschisten.

Am 1. Mai 1933, als Hitler jenseits der Grenze im Reich zum Schlag gegen die Gewerkschaften ausholte, organisierte Honecker in Saarbrücken eine Kampfdemonstration, obwohl die Landesverwaltung alle öffentlichen Kundgebungen untersagt hatte.

1933 reiste er zu illegalen Zusammenkünften leitender KJVD-Mitglieder nach Mannheim, Mainz und Frankfurt am Mai, bei denen Erfahrungen des antifaschistischen Kampfes erörtert wurden. Im Mai 1933 übernahm Willi Rom aus Frankfurt am Main im Saargebiet die Funktion des Organisationsleiters des KJVD, um Honecker mehr Zeit für die politische Arbeit zu ermöglichen. Dazu gehörte auch die Reise zum Antifaschistischen Arbeiterkongress Europas vom 4. bis 6. Juni 1933 in Paris. Die Delegation von der Saar zwängte sich mit ihm in einen alten Mercedes, weil der Trip so billiger wurde.

Im September 1933 nahm er am Weltkongress der Jugend gegen Krieg und Faschismus teil.

In den Kongresspausen wurde Paris erkundet. »Wir besuchten die berühmte Mauer der Föderierten, an der 1871 die Pariser Kommunarden erschossen worden waren, und den Eisenbahnwaggon im Wald von Compiegne, in dem 1918 der Waffenstillstand unterschrieben worden war. Wir ahnten nicht, dass die Faschisten nur sieben Jahre später, am 22. Juni 1940, an gleicher Stelle Revanche üben und diesmal Frankreich die Waffenstillstandsbedingungen diktieren würden.

Die Kongresse in Paris trugen entscheidend zur Mobilisierung der internationalen Öffentlichkeit gegen den Hitlerfaschismus bei. Dafür sorgten auch so berühmte Persönlichkeiten wie die Dichter Henri Barbusse, André Gide und Romain Rolland.«

Auf dem Pariser Kongress im Juni sprach Erich Honecker als Vertreter der deutschen Jugend. Beim September-Kongress war in der ersten Reihe ein Platz leer gelassen und mit Blumen geschmückt worden – zu Ehren des am 1. August 1933 hingerichteten 20-jährigen Hamburger KJVD-Mitgliedes Bruno Tesch.

Im Sommer 1933 hatte Honecker neben der Jugendarbeit im Saargebiet die Aufgabe, Verbindungen zu den KJVD-Bezirken Mannheim und Frankfurt am Main zu stabilisieren und dabei die für August 1933 in Amsterdam geplante Tagung des Zentralkomitees des KJVD vorzubereiten. Die Tagung fand Anfang August 1933 in Amsterdam auf einem Motorboot statt, mit dem man wie eine Reisegesellschaft durch die Amsterdamer Grachten zum Nordseekanal fuhr.

*

Hier wäre ein Beitrag der *Westdeutschen Allgemeinen Zeitung* vom 5. September 1987 einzufügen, der – so betonte damals die Redaktion – anlässlich des »bevorstehenden Besuchs Erich Honeckers in der BRD« erschien und die Erinnerungen dreier Kommunisten an den Widerstandskampf Honeckers im Ruhrgebiet 1934 wiedergab. Er trug da den Tarnnamen »Herbert Jung«. Die inzwischen 81-jährige Elisabeth Schulz, die in der Kleingartenanlage Sonnenscheinweg eine illegale Unterkunft für ihn beschafft hatte, erinnerte sich gegenüber dem Reporter des bürgerlichen Blattes: »Dass Herbert Jung Erich Honecker war, haben die meisten von uns erst 1945 erfahren. Ich begegnete ihm damals in der Konsumfiliale, in der ich tätig war, denn die Illegalen wurden oft von Konsumfahrern als Beifahrer mitgenommen. Einer der Fahrer sagte eines Tages, jener dort an der Tür sei ein Illegaler. Der stand bescheiden an der Tür, ganz unauffällig.« Sie gab dem Fahrer heimlich zwei Mettwürstchen »für den dort an der Tür«.

»Was wohl wäre, wenn sie ihm heute begegnen würde? Elisabeth Schulz: ›Ich würde ihm die beiden Brötchen geben, die ich damals bei den Würstchen vergessen habe.‹ Ernst fügt sie hinzu: ›Ich hoffe, dass er durch seinen Besuch dazu beitragen kann, dass die Raketen wegkommen, damit die Gefahr geringer wird.‹ [...] Den Vorschlag, Erich Honecker solle das Gelände seines ehemaligen Verstecks besuchen, nimmt sie nicht ernst: ›Es ist auch nichts mehr da, an das er sich erinnern könnte.‹«

*

Anfang Dezember 1935 kam die Gestapo, Bruno Baum, Erich Honecker und anderen Mitgliedern der Bezirksleitung des KJVD in Berlin auf die Spur.

Für den 3. Dezember 1935 war die Ankunft eines Kuriers aus Prag angekündigt. Weil der ursprünglich für den Treff vorgesehene Genosse verhindert war, machte sich Erich Honecker auf den Weg zur Solinger Straße. Die als Kurier fungierende Tschechoslowakin Sarah Fodorová übergab ihm den Gepäckschein für einen Koffer, in dem Zeitungen und Tarnschriften der KPD und des KJVD verpackt waren. Er holte den Koffer noch am gleichen Abend an der Gepäckaufbewahrung des Anhalter Bahnhofs ab. Als er ihm ausgehändigt wurde, spürte er, dass er beobachtet und verfolgt wurde. Am Bahnhof Zoo stieg er blitzschnell in ein Taxi und entkam so dem Agenten der Gestapo. Als er jedoch am nächsten Vormittag seine Wohnung in der Brüsseler Straße am Wedding verlassen wollte, wurde er verhaftet.

Das war am 4. Dezember 1935. Über die folgenden Tage im Hauptquartier der Gestapo in der Berliner Prinz-Albrecht-Straße und in der Kaserne der SS-Leibstandarte ›Adolf Hitler‹ in Tempelhof schrieb er später: »Solche Tage haben sich während meiner fast zehnjährigen Inhaftierung so nicht wiederholt. Sie gehörten zu denen, die man nicht mehr vergisst. Zugleich waren sie für einen 23-jährigen Tage der Bewährung.«

»Wenn ich den Bericht über die Verhandlungen des zweiten Senats des ›Volksgerichtshofes‹ am 7. und 8. Juni 1937 durchsehe, bin ich noch heute stolz auf unseren Kommunistischen Jugendverband, seine Funktionäre und Mitglieder. Bei der Verhaftung Anfang Dezember 1935 waren wir acht Mitglieder der Bezirksleitung des KJVD Berlin-Brandenburg, bei der Verhandlung vor dem ›Volksgerichtshof‹ vier, bei der Verurteilung nur noch drei: Bruno Baum, Edwin Lautenbach und ich.

Wie es dazu kam? Als ich im Sommer 1935 im Auftrag des Zentralkomitees der KPD von Frankreich über die Schweiz, Österreich und die Tschechoslowakei nach Deutschland gelangte, um die Leitung der Bezirksleitung des KJVD Berlin-Brandenburg zu übernehmen, übergaben mir Kurt Hager und Bruno Baum nach und nach ihre Verbindungen. Bruno Baum selbst sollte ins Exil gehen und von dort den antifaschistischen Kampf im Lande unterstützen.

Trotz aller gegen uns angewandten Mittel und Methoden kam die Gestapo nicht dahinter, dass sie praktisch den führenden Kern des KJVD Berlin-Brandenburg und ein Mitglied des Zentralkomitees des KJVD gefasst hatte. Das fanden sie auch mit den ›feineren‹ Methoden – wie aus den Untersuchungsakten und der Anklageschrift ersichtlich ist – des Untersuchungsrichters am ›Volksgerichtshof‹, Hans Joachim Rehse, nicht heraus.

Zu dessen Person muss angemerkt werden: Rehse wurde wegen Beihilfe zum Mord und weiterer nazistischer Verbrechen nach dem Kriege zu fünf Jahren Zuchthaus verurteilt, aber von den Justizbehörden der BRD gegen eine Kaution von 200.000 Mark auf freien Fuß gesetzt! So las ich es jedenfalls in der Hamburger Zeitschrift *Stern*.

Gegen die Standhaftigkeit und den Mut unserer Genossen vermochten weder die Gestapo noch die Untersuchungsbeamten etwas auszurichten. So hatte Emilie Knappe, Politische Leiterin des Unterbezirks des KJVD Moers, 1933/34 aktiv am antifaschistischen Kampf im Ruhrgebiet beteiligt, mich in der Annahme, dass ich inzwischen im Ausland sei, bei einem Verhör anhand eines Fotos identifiziert. Als sie von meiner Verhaftung erfuhr und im Prozess als Belastungszeuge gegen mich auftreten sollte, widerrief sie ihre frühere Aussage. Sie leugnete vor den Richtern des zweiten Senats des ›Volksgerichtshofes‹ entschieden, mich zu kennen, mit mir im Ruhrgebiet zusammengearbeitet zu haben, und bestritt die Identität des ihr vorgelegten Passbildes mit meiner Person.

Erwähnt zu werden verdient in diesem Zusammenhang auch unsere unvergessene Genossin Grete Walter, damals Politischer Leiter des Unterbezirks des KJVD

Berlin-Tempelhof. Am 21. Oktober 1935 sollte sie in der Prinz-Albrecht-Straße zu einer Vernehmung geholt werden. Sie stürzte sich in einen drei Stockwerke tiefen Treppenschacht, um weiteren Torturen zu entgehen.

Solche aufrechten Frauen und Mädchen zählten damals zu Tausenden zu den Mitgliedern und Funktionären der KPD und des KJVD. Ohne ihren Einsatz, ihren Mut und ihre Findigkeit wären die Breite, Vielfalt und Wirksamkeit unseres Kampfes gegen Faschismus und Krieg nicht möglich gewesen. [...] Zu ihnen gehörten auch die Mädchen und jungen Frauen der von Herbert Baum geleiteten Widerstandsgruppe, die 1942/43 vom Frauengefängnis Berlin, Barnimstraße, nach dem Zuchthaus Berlin-Plötzensee zur Hinrichtung gebracht wurden. Sie hatten in einer tollkühnen Aktion am 18. Mai 1942 die antisowjetische Hetzausstellung ›Das Sowjetparadies‹ im Berliner Lustgarten in Brand gesetzt.

Doch zurück zur Verhandlung vor dem ›Volksgerichtshof‹. Als ich am Morgen des ersten Prozesstages aus dem Untersuchungsgefängnis Berlin-Moabit in die Zelle in der Bellevuestraße gebracht wurde, sah ich für einen Augenblick Albert Weichert, meinen Kampfgenossen aus dem Ruhrgebiet. Er war am 28. Dezember 1934 verhaftet und im März 1935 vom Oberlandgericht Hamm/Westfalen zu vier Jahren Zuchthaus verurteilt worden. Schon in der Voruntersuchung hatte mein damaliger Deckname ›Herbert‹ eine Rolle gespielt. Nach der Einlieferung Albert Weicherts in das Zuchthaus Münster wurde er dort viermal von dem bereits erwähnten Untersuchungsrichter Rehse über meine Tätigkeit im Ruhrgebiet 1933/1934 als Instrukteur, Kurier und Schulungsleiter des KJVD sowie über meine Verbindungen nach Amsterdam verhört. Das Resultat war gleich null, von ihm erfuhren die faschistischen Justizbeamten nicht das Geringste, nicht einmal meinen richtigen Namen.

Anfang Juni 1937 transportierte man Albert Weichert vom Zuchthaus Herford, wohin man ihn Ende 1936 aus Münster verlegt hatte, als Belastungszeugen gegen mich zum ›Volksgerichtshof‹ in Berlin. Im Gefängniswagen des Zuges von Minden nach Hannover traf er Richard Titze wieder. Unter dem Druck der Folter der Gestapo hatte dieser zugegeben, mich aus der antifaschistischen Arbeit im Ruhrgebiet zu kennen. Albert Weichert sprach mit ihm während der Fahrt, dann im Gefängnis Hannover, schließlich im Zuchthaus Berlin-Plötzensee und bewog ihn, seine Aussage zurückzunehmen.

Als ich Albert Weichert im Zellentrakt des ›Volksgerichtshofes‹ wieder sah, ließen wir uns nicht im Geringsten anmerken, dass wir uns kannten. Am zweiten Verhandlungstag erklärte er, dass er mich noch nie zuvor gesehen hätte.

Am 8. Juni 1937 wurde das Urteil gefällt: Bruno Baum bekam 13 Jahre, ich zehn Jahre und Edwin Lautenbach zweieinhalb Jahre Zuchthaus. Außerdem wurden uns die bürgerlichen Ehrenrechte aberkannt. Letzteres führte dazu, dass ich 1939 und selbst noch 1943 bei der letzten Prüfung nicht für ›würdig‹ befunden wurde, zu Hitlers Wehrmacht eingezogen zu werden. Die Gestapo kam lange nicht darauf, wer wir wirklich waren. Sie versprach mir zynisch ein ›Wiedersehen‹ nach der Haftentlassung. Die wäre am 8. Dezember 1945, 15.50 Uhr, fällig gewesen, denn die anderthalb Jahre Untersuchungshaft waren auf die Gesamtstrafe angerechnet worden. Es war mein Glück, dass die Rote Armee schon am 27. April 1945 nach Brandenburg gekommen war.

Doch bis dahin lagen noch schwere Jahre vor mir. In den schon erwähnten Prozessakten hatten die faschistischen Richter höchst widerwillig meine Erklärung vor Gericht registriert, dass ich meine ›Überzeugung auch heute nicht geändert habe noch ändern wollte‹. In der Urteilsbegründung hieß es: ›Die Angeklagten Baum und Honecker sind, wie Umfang und Intensität ihrer illegalen Arbeit für den KJVD und auch ihre Erklärungen in der Hauptverhandlung erweisen, überzeugte und unbelehrbare Anhänger des Kommunismus. Sie haben sich den ihnen gestellten hochverräterischen Aufgaben mit außerordentlicher Einsatzbereitschaft gewidmet. Aus der Stellung, welche sie in der illegalen Organisation einnahmen, geht die Wertschätzung hervor, deren sie sich bei den maßgeblichen Stellen erfreuten.‹

Im Prinzip habe ich dieser Bewertung durch die faschistische Justiz nichts hinzuzufügen.«

*

Hier muss der von Erich Honecker geschriebene Lebenslauf aus wichtigen Grund unterbrochen werden.

Als die bundesdeutsche Staatsanwaltschaft 1992 ihre Anklageschrift gegen ihn zu Papier brachte, gehörte dazu nach den Regularien auch ein Lebenslauf. Der verriet, was heute wohl niemand glauben mag: Man hatte zahlreiche Passagen wörtlich aus der Anklageschrift der Gestapo übernommen!

So zum Beispiel im Hefter V, auf den Blättern 15-20: »Er war vom Zentralkomitee (ZK) des KJVD beauftragt worden, als Instrukteur in der Leitung des KJVD tätig zu werden und Berichte über die Situation im damaligen Reich zu liefern. Diese Arbeit für den KJVD war illegal. Er wurde deswegen auch am 4. Dezember 1935 in Berlin verhaftet, und zwar wegen des Verdachts der Vorbereitung eines hochverräterischen Unternehmens.«

Diese Übernahme der Nazi-Formulierungen ließ nur den Schluss zu, dass die bundesdeutsche Justiz wie ihre Vorgänger im Dritten Reich die Tätigkeit Honeckers im antifaschistischen Untergrund nach wie vor als »Hochverrat« betrachtete!

*

Ein weiteres Motiv für die Unterbrechung der Honecker-Erinnerungen durch einen aktuellen Text war eine der Nach-1990-Honecker-Biografien, verfasst von einem gewissen Thomas Kunze. Der hatte ein Kapitel mit »Honeckers antifaschistische Vergangenheit auf dem Prüfstand« überschrieben und in diesem Zusammenhang Behauptungen aufgestellt, für die er eine zwielichtige Kronzeugin aufbot: »Dr. Monika Kaiser, Historikerin am Ostberliner Institut für die Geschichte der Arbeiterbewegung, war noch von der DDR-Generalstaatsanwaltschaft mit biographischen Forschungen zu Honecker beauftragt worden.

Sie stellt die Umstände eines politischen Prozesses dar, bei dem sich Honecker 1937 vor dem Volksgerichtshof verantworten musste.

Vor dem Volksgerichtshof, so Monika Kaiser, hätte Honecker seinen KP-Gruppenchef Bruno Baum sowie eine tschechische Kurierin namens Sarah Fodorová an die Nazis verraten. Dafür habe er ein mit zehn Jahren Zuchthaus vergleichsweise mildes Urteil erhalten. Außerdem sei der Dachdecker Honecker als Häftling zeitweise einem Außenkommando zugeteilt worden, habe Dienst in einem Frauengefängnis geschoben.

Die beiden letztgenannten Fakten sind bewiesen, unklar bleibt, ob sich Erich Honecker die Milde wirklich erkauft hatte.

Dem steht ein Schreiben der einstigen tschechischen Kurierin gegenüber. Die mittlerweile in Israel lebende Frau bekundete 1992: »Ich bin vom Gericht freigesprochen worden aus Mangel an Beweisen. Dies geschah dank der Aussagen und des Verhaltens von E. Honecker.«[1]

Dazu Kunze: »Endgültige Klarheit besteht in dieser Sache nicht, aber die kritische Analyse Monika Kaisers geht durch die Medien. Der *Stern* titelt: ›Die Lebenslüge des Erich Honecker‹. Die ostdeutsche Boulevardzeitung *SUPER!* will wissen: ›Er biederte sich bei Hitler an – da durfte er ins Frauengefängnis.‹«[2]

Kunze hatte mit dem Satz »Endgültige Klarheit besteht in dieser Sache nicht« eine unglaubliche Behauptung aufgestellt, die er nur hatte erfinden können, weil er die Aussage von Sarah Fodorová unterschlug. Hier nun der volle Wortlaut ihres Briefes an die Redaktion.

»Ich habe heute zufällig einen Aufsatz in *Super!* vom 9. 9. 1991 gelesen, in dem von mir die Rede ist und ich möchte einiges richtigstellen.

Mein Name ist Sarah Wiener (früher Fodorová). Ich bin die Kurierin aus Prag, von der im Artikel die Rede ist. Ich wurde im Dezember 1935 in Berlin verhaftet und wurde vor das Nazi-Volksgericht gestellt, zusammen mit Bruno Baum, Erich Honecker und anderen. Ich bin vom Gericht freigesprochen worden aus Mangel an Beweisen. Dies geschah dank der Aussagen und des Verhaltens von Honecker, der, was mich betrifft, mich nicht belastet noch verraten hat, im Gegenteil: er hat meine Aussagen bestätigt. Herrn Honecker habe ich im Leben viermal gesehen, davon zweimal auf der Straße, einmal im Kaffeehaus, das vierte Mal während des Prozesses. Außer im Gerichtssaal waren unsere Begegnungen sehr kurz. Nach der Freisprechung kehrte ich in die Tschechoslowakei zurück, dann lebte ich in den USA, wieder in der Tschechoslowakei, und seit ungefähr 24 Jahren lebe ich in Israel – also keine Schutzhaft nach dem Gericht, kein KZ, kein Tod durch Gas, wie Sie schreiben.

Ich ersuche Sie nachdrücklich diesen meinen Brief zu veröffentlichen. Sarah Fodorová-Wiener.«

Super! tat es nicht, und auch Kunze verschwieg ihn.

Wie empört die angeblich von Honecker Verratene war, verrät der Auszug eines *ADN*-Korrespondentenberichts aus Tel Aviv vom 31. März 1992: »Sarah Wiener versteht die Welt nicht mehr. Sie sei vergast worden in Auschwitz, las die 80-jährige Jüdin in einer deutschen Zeitung, der Gestapo 1937 ausgeliefert von Erich Honecker … ›Unsinn‹, sagt sie in ihrer Wohnung in Tel Aviv, ›ich verdanke Honecker mein Leben‹. Auch wenn sie manches nicht richtig beurteilen könne, was nach der Vereinigung in Deutschland geschieht, ist es für Sarah

Wiener doch ›unfassbar‹, dass man ›einen alten Mann, der zehn Jahre im Kerker gesessen hat, noch einmal an gleicher Stelle einsperrt‹. In fast akzentfreiem Deutsch fügt sie leise hinzu: ›Das macht mir Angst. Ich will nie wieder vor einem deutschen Gericht stehen, nicht einmal als Zeugin der Zeit.‹«[3]

Kunze hätte – wenn es ihm um die Wahrheit gegangen wäre – auch den Brief des dänischen Brandenburg-Häftlings Villy Mork Jensen an Honecker vom 10. September 1992 zitieren müssen: »Man hat offenbar vergessen, das Du Staatsoberhaupt eines souveränen Staates warst, und noch schlimmer, welche Arbeit Du gegen Nazi-Deutschland leistetest. In Brandenburg habe ich Dir als einen guten Kameraden kennen gelernt. Ohne Dich und Deine deutschen Kameraden hätten wir dänischen Häftlingen nie das Zuchthausleben durchgestanden.«[4]

Thomas Kunze wählte statt solcher Zeugen die zynische Formulierung: »Doch gegen die Macht der Presse kann Honecker im neuen Deutschland nichts ausrichten. Er muss akzeptieren, dass sein Ruf als antifaschistischer Widerstandskämpfer [...] einen Kratzer abbekommt.«[5]

Empfohlen hatte sich dieser Kunze für die Aufgabe, sich als Honecker-Biograph zu betätigen als Chef des Leipziger Ausländeramtes (1990-1995) und von 1995 bis 2000 als »Programmlehrkraft der Bundesrepublik Deutschland« in Constanta (Rumänien). Seit 2007 ist Thomas Kunze leitender Mitarbeiter der Konrad-Adenauer-Stiftung.

*

Bleiben wir bei glaubwürdigeren Zeugen wie Honeckers Mithäftling Robert Menzel, der zu zwölf Jahren Zuchthaus verurteilt, 1938 nach Brandenburg-Görden verlegt worden war und in der Wäschekammer arbeiten musste. Er erinnerte sich: »Dort lernte ich Erich Honecker kennen. Nachdem ich von anderen Gefangenen erfahren hatte, wer er war und welche illegale Arbeit er geleistet hatte, bemühte ich mich, ihn über den Hilfswachtmeister Lindner aus der Einzelhaft herauszubekommen und als Kalfaktor einsetzen zu lassen. [...] Erich Honecker half, Kameraden, die auf Grund der schlechten Ernährung an Hunger-Ödemen erkrankten, zusätzlich mit Brot zu versorgen. Das war möglich, weil ich durch meine Tätigkeit in der Wäscherei, die neben der Bäckerei lag, Brot organisieren konnte, das ich ihm beim Wäsche-Umtausch zusteckte. Als er später zur Außenarbeit als Dachdecker eingesetzt wurde, kam er über die Dächer auch zum Dach der Wäscherei, das acht Meter hoch war, und ich warf ihm das Brot hinauf.

Für uns beide war das nicht ungefährlich, denn die Wachtmeister hätten diese Manipulation beobachten können. Ich riet ihm, einen Strick mitzubringen. Dann nahm ich einen Arbeitskittel und steckte in jeden Ärmel ein Brot. Er zog es hinauf. So konnte er wieder einem Kameraden helfen.«[6]

*

Über die wenigen erfreulichen Augenblicke des Lebens im Zuchthaus schrieb Erich Honecker: »Riesig freute ich mich, wenn mich meine Schwester Gertrud und ihr Mann, Hans Hoppstädter, in Brandenburg-Görden besuchen durften. Allerdings genehmigte das die Zuchthausdirektion höchst selten, wenn ich mich recht erinnere, nur zwei- oder dreimal und stets nur für eine halbe Stunde. Wir unterhielten uns über vieles, was uns bewegte, und ließen uns auch vom anwesenden Zuchthausbeamten nicht stören. Außer diesen wenigen Besuchen, die mit Beginn des Zweiten Weltkrieges gänzlich untersagt wurden, konnten wir uns nur einige Briefe schreiben, die aber alle verloren gingen. Trotzdem war es ein gutes Gefühl für mich, meine Eltern und Geschwister gesund und ungebrochen zu wissen.

Während der Einzelhaft wie auch in den folgenden Zuchthausjahren las ich viel, um mein Allgemeinwissen zu erweitern, vor allem Werke von Johann Wolfgang Goethe, Friedrich Schiller und William Shakespeare, aber auch von dem Historienschriftsteller Felix Dahn ›Ein Kampf um Rom‹. Es gab wohl kaum ein Gebiet, das mich nicht interessiert hätte, von den Naturwissenschaften bis zur Literatur. Bücher, fortschrittliche selbstverständlich ausgenommen, konnten wir in der Bibliothek des Zuchthauses ausleihen. Bruno Leuschner, damals Kalfaktor in der Bücherei, später bekanntlich Stellvertreter des Vorsitzenden des DDR-Ministerrates, versorgte uns politische Gefangene mit den für uns interessantesten Titeln.

Am 12. Oktober 1942 schrieb die Leitung des Zuchthauses, dass ich mich ›bisher gut geführt und ordentlich gearbeitet‹ hätte, woraus der Schluss gezogen werden könne, ich sei im Laufe meiner ›Strafzeit zur Einsicht gekommen‹. Der Stab der Gestapo in Berlin war allerdings anderer Meinung. In einem Schreiben an den Oberreichsanwalt vom 13. November 1942 hieß es: ›Wie aus der politischen Vergangenheit des Honecker und seiner intensiven Arbeit für die illegale KPD hervorgeht, handelt es sich bei ihm um einen überzeugten kommunistischen Funktionär. Er hat sogar während der Untersuchungshaft seine staatszersetzende Tätigkeit fortzusetzen versucht. Das Gericht hat ihn ebenfalls als unbelehrbaren Anhänger des Kommunismus bezeichnet. Von seiner inneren Wandlung bin ich daher nicht überzeugt. Angesichts der Kriegslage besteht auch die Gefahr, dass er erneut in die illegale KPD hineingezogen wird, zumal eine ausreichende Überwachung nicht gewährleistet ist. [...] Ich bin deshalb nicht in der Lage, eine vorzeitige Haftentlassung zu befürworten.‹«

Im März 1943 wurde Erich Honecker als Dachdecker der Baukolonne des Zuchthauses zugeteilt, um die Dacharbeiten an einer Halle der Arado-Flugzeugwerke zu leiten. Honecker: »In Brandenburg-Görden waren nur zwei Dachdecker inhaftiert. So wurde ich eher, als ich gedacht hatte, Meister in diesem Beruf. Als solcher hatte ich große Bewegungsfreiheit, denn auf die Dächer konnte mir kein Aufseher nachturnen, weder auf die der Brennabor-Werke, noch bei Arado oder dem Stahl- und Walzwerk Brandenburg.

Im Herbst 1943 waren die Bauarbeiten an der Arado-Halle weitgehend abgeschlossen. Deshalb wurde ich mit anderen Häftlingen aus der Baukolonne im Plauer Hof, einem zum Zuchthaus gehörenden landwirtschaftlichen Gut am Plauer See, gegenüber Kirchmöser, eingesetzt und in der dortigen alten Mühle stationiert. Auch da hatte ich Dacharbeiten auszuführen. Im Plauer

Hof befanden sich sowjetische Kriegsgefangene, die meisten von ihnen waren fast schon verhungert. Um sie vor dem Untergang zu bewahren, steckten wir ihnen, so oft es ging ein Stück Brot zu. Aus den Kartoffelmieten, die auf dem Gelände dieses Außenlagers angelegt worden waren, stahlen wir heimlich Kartoffeln. Das mußte unter den Augen der Wachposten geschehen. Für die Dacharbeiten hatten wir einen Teerofen. Auf dem kochte ich die Kartoffeln und ließ sie den sowjetischen Genossen bringen.

*

Die Stunde der Befreiung rückte näher. […] Die Wachtmeister wurden zusehends nervöser, […] wollten sich ›rückversichern‹. Dem halfen wir nach. Wir sagten den Aufsehern unmissverständlich: ›Geschieht uns nichts, dann wird auch euch nichts passieren.‹ Zugleich tat die Parteiorganisation alles, was unter diesen Bedingungen möglich war, um die Verteidigung und Befreiung der politischen Häftlinge vorzubereiten. So gelang es, einen Gefangenenausschuss zu bilden und Obleute für die einzelnen Häuser und Zellenflügel einzusetzen. Von der Anstaltsleitung wurde dies zwar nicht genehmigt, aber doch stillschweigend geduldet. Sie nahm auch hin, dass in den letzten Apriltagen die Türen zu den Zellen der politischen Gefangenen nicht mehr verschlossen wurden.

Endlich kam der lang ersehnte Tag der Befreiung. Am Morgen des 27. April 1945 öffnete Alfred Perl meine Zellentür. Die Parteileitung begann mit der Befreiung der politischen Gefangenen, nachdem die Anstaltsleitung und mit ihr eine große Zahl der Aufseher in Richtung Westen geflüchtet war. Dort übrigens sollte Thuemmler *(damals Direktor der Haftanstalt Brandenburg. – K. H.)* wenige Jahre später Direktor der Strafanstalt Celle werden, was auf die ›Bewältigung‹ der faschistischen Vergangenheit im Westen Deutschlands ein bezeichnendes Licht wirft.

Ich begab mich an das Haupttor. Die Bewachungsmannschaften waren bereits entwaffnet. Kurze Zeit später erreichte der erste sowjetische Panzer das Zuchthaus. Für immer unvergessen wird mir die Begeisterung bleiben, mit der wir die Sowjetsoldaten in die Arme schlossen. Keiner schämte sich der Freudentränen. […]

Ich brannte darauf, so bald wie möglich nach Berlin zu gelangen. […] So meldete ich mich bei dem sowjetischen Offizier ab, der für die Sicherheit der befreiten politischen Gefangenen verantwortlich war, und machte mich am 28. April 1945 mit Alfred Perl auf den Weg. Zuvor nahm ich meine persönlichen Sachen in Empfang und verabschiedete mich von Wilhelm Thiele. […]

›Als wir uns trennten‹, erinnerte der sich später, ›hatten wir gerade unsere Kleidersäcke aus der Effektenkammer geholt. Dabei fiel mir ein, dass ich ja ohne Mantel ins Zuchthaus eingeliefert worden war. Als Erich das hörte, holte er aus seinem Kleidersack einen fast neuen Covercoat und schenkte ihn mir. Leider mussten wir gleich darauf wegen drohenden Beschusses durch die Faschisten das Gebäude räumen, und mein Kleidersack mit dem schönen Covercoat kam bei dem Durcheinander abhanden.‹«

Erich Honecker hatte ziemliche Probleme, nach Berlin zu gelangen. Rund um die Stadt zogen versprengte Nazieinheiten durch die Wälder, um zur Elbe durchzubrechen.

»Wir irrten in den späten Abendstunden des 28. April 1945 durch ein Waldgebiet nahe Oranienburg. Plötzlich hörten wir Stimmen, und ich vermutete sowjetische Soldaten. Mein Versuch glückte, ich verständigte mich in russischer Sprache und erklärte den Rotarmisten, dass wir politische Gefangene aus dem Zuchthaus Brandenburg-Görden seien und am Vortag befreit worden waren. Doch meine Bescheinigung der ›Wehrunwürdigkeit‹ und die ›Ausschließung aus der Wehrmacht‹ – das einzige, was ich an schriftlichen Dokumenten bei mir trug – überzeugte sie nicht. Kein Wunder, denn in diesen Tagen versuchten viele Nazis, auf jede nur erdenkliche Art und Weise unterzutauchen.

Die Nacht vom 28. zum 29. April 1945 verbrachten Alfred Perl und ich in einer Feldscheune mit anderen aufgegriffenen Personen, desertierten Soldaten, SS-Leuten, Beamten des faschistischen Regimes und nach Deutschland verschleppten Zwangsarbeitern.

Am nächsten Morgen konnten wir unsere Identität mit Hilfe einer sowjetischen Dolmetscherin aufklären. Das geschah übrigens vor dem Haus, in dem sich zur selben Zeit Konrad Wolf – Sohn des bekannten deutschen Kommunisten, Dichters und Arztes Friedrich Wolf –, damals Leutnant der Roten Armee, aufhielt, doch begegneten wir uns persönlich erst später.«

Am 29. April 1945 wurde Erich Honecker dem Komsomolsekretär einer sowjetischen Einheit als Berater zugeteilt. Mit dem gelangte er in die Nähe Bernaus und von dort am 4. Mai 1945 in das noch immer umkämpfte Berlin. Er sah in Pankow und Weißensee Bettlaken aus den Fenstern der wenigen unbeschädigten Häuser hängen

*

Er fand seine Freunde in der Landsberger Straße 37, bei denen er in den nächsten Wochen und Monaten unterkam. Mit Hilfe von Genossen machte er sich sofort daran, Mitglieder der KPD und des KJVD im Stadtbezirk Berlin-Friedrichshain zu sammeln und richtete in einem Lokal in der Landsberger Straße ein Arbeitsbüro ein. Um Kontakte mit der sowjetischen Kommandantur zu knüpfen, begab er sich am 10. Mai 1945 zur Berliner Stadtkommandantur in Alt-Friedrichsfelde. Dort traf er Richard Gyptner und Hans Mahle, alte Bekannte, die ihn in die Prinzenallee 80 zum Sitz des Zentralkomitees der KPD brachten. Dort kam es der ersten Begegnung mit Walter Ulbricht. Der informierte ihn über die Situation in der Stadt und beauftragte ihn, ein Konzept für die Jugendarbeit der KPD zu entwerfen.

Er unterbreitete Vorschläge, wie sich die Tätigkcit der bereits überall gegründeten Jugendausschüsse koordinieren ließ. Gemeinsam mit Theo Wiechert, Verantwortlicher für die Jugendarbeit im Zentralausschuss der SPD, und der im August 1945 gebildeten Zentralverwaltung für Volksbildung, bereitete er eine Beratung vor, an der Vertreter der Ausschüsse aus der gesamten sowjetischen Besatzungszone und Berlin teilnehmen sollten. Sie fand am 10. September 1945 statt. Erich Honecker referierte dort über die ersten Erfahrungen in der Jugendarbeit. Man kam überein einen Zentralen Antifaschistischen Jugendausschuss zu bilden und schlug vor, ihn als dessen Vorsitzenden zu nominieren. Anfangs setzte sich dieser Ausschuss aus je fünf Vertretern der KPD und der SPD zusammen; im Oktober kamen Vertreter katholischer und protestantischer Jugendlicher hinzu.

Das war die erste Funktion, die Erich Honecker im befreiten Deutschland übernahm.

Damit endet der erste Abschnitt des Lebenslaufs.

*

Dass für den nächsten Lebensabschnitt ausgerechnet die tabellarische Faktensammlung des vom Deutschen Historischen Museums und dem Haus der Geschichte der Bundesrepublik Deutschland in Bonn im Internet verbreiteten »Lebendigen virtuellen Museum Online« (LeMO) verwendet wurde, hat einen triftigen Grund: Die Wahl offenbart, wie die Regierungen der Bundesrepublik Deutschland ihren Bürgern Erich Honecker heute darstellen, was obendrein den Vorwurf absichtlicher Voreingenommenheit entkräftet. (Allzu krass falsch dargestellte Tatsachen wurden durch knappe Hinweise kommentiert.)

Mai 1945: Honecker stößt zu der aus der UdSSR zurückgekehrten »Gruppe Ulbricht«. Als Jugendsekretär des Zentralkomitees (ZK) der KPD baut er die »Antifaschistischen Jugendausschüsse« auf, aus denen 1946 die Freie Deutsche Jugend (FDJ) hervorgeht.

1946-1955: Vorsitzender der FDJ.

1946: Auf dem Vereinigungsparteitag von KPD und SPD zur Sozialistischen Einheitspartei wird er in den Parteivorstand der SED gewählt.

1948/49: Mitglied des Präsidiums des Deutschen Volksrates.

1949: Honecker wird Mitglied des ZK der SED.

1949-1955: Mitglied des Exekutivkomitees des kommunistisch orientierten »Weltbundes der Demokratischen Jugend« (WBDJ).

1949-1989: Abgeordneter zunächst der Provisorischen Volkskammer und schließlich der der DDR.

1950-1958: Kandidat im Politbüro des ZK der SED.

1955: Auszeichnung mit dem Vaterländischen Verdienstorden.

1955/56: Besuch der Parteihochschule des ZK der KPdSU in Moskau.

ab 1958: Vollmitglied des Politbüros der SED und Sekretär des ZK verantwortlich für Sicherheitsfragen, Kaderfragen und Leitende Parteiorganisationen.

1960-1971: Sekretär des Nationalen Verteidigungsrates (NVR).

1961: Honecker leitet die Vorbereitungen für den Berliner Mauerbau am 13. August, den er bis zu seinem Tod als notwendigen »antifaschistischen Schutzwall« verteidigt.

1969: Honecker wird erstmals mit dem Karl-Marx-Orden ausgezeichnet.

1971: 3. Mai: Als Nachfolger von Walter Ulbricht zum 1. Sekretär des ZK der SED gewählt.

Juni: Ebenfalls in der Nachfolge Ulbrichts Vorsitzender des Nationalen Verteidigungsrates.

Honecker begrüßt das Berliner Viermächteabkommen und stimmt nach zähen Verhandlungen dem Transitabkommen vom 17. Dezember zu.

Nur zögernd macht er die durch das Viermächteabkommen geförderte Neue Ostpolitik der sozial-liberalen Koalition mit, unterzeichnet schließlich aber doch 1972 den Grundlagenvertrag mit der Bundesrepublik Deutschland. *(Unumgänglicher Hinweis: Honecker hatte nie ein Motiv, die »Neue Ostpolitik der sozial-liberalen Koalition mitzumachen«. Tatsächlich hatte sie das endgültige Scheitern der bis dahin von Bonn mit allen Mitteln – bis hin zur Erpressung fremder Staaten – betriebenen Politik des Alleinvertretungsanspruchs [Hallstein-Doktrin] der BRD besiegelt. Honecker erlebte, wie mit dem Grundlagenvertrag dieser Abschnitt bundesdeutscher Politik begraben wurde – K. H.)*

1975: 29. Oktober: Honecker übernimmt als Nachfolger von Willi Stoph den Vorsitz im Staatsrat der DDR. *(Unumgängliche Ergänzung, Erich Honeckers Aufzeichnungen entnommen: »Am 1. August 1975 setzte ich im Namen des Volkes der DDR meine Unterschrift unter die Schlussakte von Helsinki. Das Protokoll wollte es, dass ich zwischen dem Bundeskanzler der BRD, Helmut Schmidt, und dem Präsidenten der USA, Gerald Ford, saß. So hatte ich das Dokument als zweiter zu unterzeichnen. Jugoslawiens Präsident Josip Broz Tito unterschrieb als letzter. Kaum hatte er es getan, brandete lang anhaltender Beifall auf. [...]*

Meinem Terminkalender auf der Konferenz von Helsinki entnehme ich die Namen der Politiker, mit denen ich dort zu Gesprächen zusammenkam: Trygve Bratteli,

Ministerpräsident des Königreichs Norwegen, Valéry Giscard d'Estaing, Präsident der Französischen Republik, Helmut Schmidt, Bundeskanzler der Bundesrepublik Deutschland, Gerald Ford, Präsident der USA, Urho Kekkonen, Präsident der Republik Finnland, Leo Tindemans, Ministerpräsident des Königreichs Belgien, Olof Palme, Ministerpräsident des Königreichs Schweden, Monsignore Agostino Casaroli, Sekretär des Rates für öffentliche Angelegenheiten des Vatikans, Francisco da Costa e Gomes, Präsident der Republik Portugal, Pierre Graber, Bundespräsident, Vorsteher des Eidgenössischen Politischen Departements der Schweizerischen Eidgenossenschaft, Aldo Moro, Ministerpräsident der Republik Italien, Anker Jörgensen, Ministerpräsident des Königreichs Dänemark, Pierre Trudeau, Ministerpräsident Kanadas – mit ihm vereinbarte ich die Aufnahme diplomatischer Beziehungen zwischen der DDR und Kanada – und Erzbischof Makarios, Präsident der Republik Zypern. [...]

Gut erinnere ich mich der Unterredung mit dem damaligen Präsidenten der USA, Gerald Ford. Die Sitzordnung auf der Konferenz erlaubte es – insbesondere während eines Essens, das der Präsident Finnlands, Urho Kekkonen, für die Staats- und Regierungschefs gab –, einen ausführlichen Gedankenaustausch zu führen. Er umfasste Themen von der bilateralen Zusammenarbeit bis zum gemeinsamen Weltraumflug USA-UdSSR. Ich beglückwünschte Präsident Ford zu den Ergebnissen des Apollo-Sojus-Unternehmens. Er revanchierte sich mit Glückwünschen zu den Erfolgen der DDR-Schwimmer bei den damaligen Weltmeisterschaften.« Erich Hon-

ecker erwähnte in seinen Aufzeichnungen nicht, dass USA-Präsident Ford sich bei ihm intensiv nach den Jahren erkundigte, die er in faschistischen Zuchthäusern verbracht hatte und ihm seine Hochachtung für seine Haltung in dieser Zeit bekundete – K. H.)

1976-1989: Wahl zum Generalsekretär der SED. Honecker bemüht sich, den Konsumwünschen der Bevölkerung Rechnung zu tragen und sie dadurch mit dem SED-Regime zu versöhnen. *(Unumgänglicher Hinweis: Den »Konsumwünschen der Bevölkerung Rechnung zu tragen« war ungeachtet der Erfüllung der aufwändigen Reparationsforderungen der UdSSR und der Boykottaktionen der BRD gegen die DDR-Wirtschaft vom ersten Tag an eines der Ziele der DDR, die nicht irgendwann um einer »Versöhnung« willen entstand – K. H.).*

Der Zwang, unter dem Eindruck der KSZE-Verhandlungen in Helsinki, die Ausreisepraxis für DDR-Bürger großzügiger zu handhaben und die Entstehung von Bürgerrechtsbewegungen ziehen allerdings immer heftigere Kritik am Regime nach sich. *(Unumgängliche Frage: Wie konnte »großzügigere« Handhabung der Ausreisepraxis heftigere Kritik auslösen? – K. H.)*

Auf die Flut von Ausreiseanträgen und die heftige Kritik zahlreicher Intellektueller reagiert die DDR-Führung zunächst mit einer Verschärfung des politischen Klimas, die zu einer Welle von Ausweisungen namhafter Schriftsteller und Künstler führt. *(Unumgänglicher Hinweis: Ausgewiesen wurde nur Biermann – K. H.)*

1980: Oktober: Die deutsch-deutschen Beziehungen geraten an einen Tiefpunkt, als Honecker in einer Rede in Gera Fortschritte in den innerdeutschen Beziehungen

u. a. von einer Anerkennung der DDR-Staatsbürgerschaft abhängig macht.

November: Der erste Staatsbesuch Honeckers in einem westlichen Land führt nach Wien. *(Unumgänglicher Hinweis: Schon 1979 war Honecker neben anderen Ländern auch von Indien zum Staatsbesuch eingeladen worden – K. H.)*

1981: Dezember: Gipfeltreffen Honeckers mit Bundeskanzler Schmidt am Werbellinsee und in Güstrow.

1983: Juli: Besuch des bayerischen Ministerpräsidenten Franz-Josef Strauß, der einen von der Bundesregierung verbürgten Milliardenkredit an die DDR vermittelt.

1984: Das wachsende internationale Gewicht der DDR äußert sich in Besuchen des kanadischen Premierministers Pierre Trudeau (geb. 1919), des griechischen Premierministers Andreas Papandreou (1919-1996), des schwedischen Regierungschefs Olof Palme (1927-1986) und des italienischen Ministerpräsidenten Bettino Craxi (1934-2000) in Ost-Berlin.

1985: April: Honecker besucht mit Italien erstmals ein NATO-Land. Er trifft auch mit Papst Johannes Paul II. (1920-2005) zusammen.

1987: Februar: Nach dem Besuch des sowjetischen Außenministers Eduard A. Schewardnadse (geb. 1928) in Ost-Berlin distanziert sich Honecker von Michal Gorbatschows Reformkonzepten unter dem Hinweis, dass die ökonomische und soziale Situation in der DDR Reformen nach dem von Gorbatschow vorgeschlagenen Muster nicht erforderlich machten. *(Unumgänglicher Hinweis: Eine solche Erklärung findet sich nirgendwo – K. H.)*

1987: September: Erster Besuch Erich Honeckers in der Bundesrepublik.

(Unumgängliche Ergänzung: Dem Besuch Erich Honeckers 1987 in der BRD widmeten die Historiker neun Worte, die der Ergänzung bedürfen. Dem Besuch vorausgegangen war in der BRD eine juristische Kontroverse. Bereits Ende 1984 – also drei Jahre zuvor – hatte der Automechaniker Rolf Kulike aus Diez an der Lahn den Generalstaatsanwalt in Koblenz aufgefordert, ein Verfahren gegen Erich Honecker wegen Freiheitsberaubung in die Wege zu leiten. Kulike wurde damals – so der Spiegel *51/1990 – als »Querulant« behandelt, und als er keine Ruhe gab, machte sich der Justizsstaatssekretär Klaus Kinkel daran, die Position der Bundesregierung zu formulieren: »Die Privilegien und Immunitäten eines Staatsoberhauptes gelten auch für Erich Honecker.« Der* Spiegel-*Kommentar: »Jemand ist entweder ein Verbrecher oder ein Staatsoberhaupt. Niemals aber beides.«*

Um nicht vornehmlich Zeitungstexte wiederzugeben, soll noch einmal aus dem Vier-Augen-Gespräch zwischen Kohl und Honecker zitiert werden, das am Nachmittag des Ankunftstages im »kleinen Kreis« stattfand, von beiden Seiten protokolliert und als »Anlage II« dem DDR-Dokument hinzugefügt wurde.

»II. Gespräch im kleinen Kreis, 7. 9. 1987 [von 16.30 Uhr – 18.15 Uhr]

[...] H. Kohl erklärte, ein weiterer Punkt sei der Schießbefehl.

E. Honecker erwiderte, es gibt keinen Schießbefehl. Es gibt eine Anordnung zum Gebrauch von Schusswaffen, so wie es auch in der BRD eine solche Anordnung gibt. Jeder, der ein ordnungsgemäßes Visum hat, kann über einen Grenzübergang die Grenze überschreiten, ansonsten ist die Grenze militärisches Sperrgebiet.

E. Honecker zitierte aus dem ›BRD-Gesetz über den unmittelbaren Zwang bei Ausübung öffentlicher Gewalt durch Vollzugsbeamte des Bundes vom 2. März 1974‹, worin es heißt: ›Die [...] genannten Vollzugsbeamten können im Grenzdienst Schusswaffen auch gegen Personen gebrauchen, die sich der wiederholten Weisung, zu halten oder die Überprüfung ihrer Person oder der etwa mitgeführten Beförderungsmittel und Gegenstände zu dulden, durch die Flucht zu entziehen versuchen.‹«

Es lässt sich heute nicht mehr aufklären, was Erich Honecker bewogen haben mag, auf Fakten des Umgangs mit der Schusswaffe an bundesdeutschen Grenzen in jenem Vier-Augen-Gespräch zu verzichten. Höflichkeit gegenüber den Gastgebern?

Wie hätte Kohl wohl reagiert, wenn ihm Honecker das Protokoll der Bundestagssitzung vom 1. Oktober 1952 präsentiert hätte?

Auf der Tagesordnung stand damals eine Debatte über die Erhöhung der Kaffee- und Teesteuer, in deren Verlauf sich der CDU-Abgeordnete Günther zu Wort gemeldet hatte und über Probleme in seinem Aachener Wahlkreis sprach: »Jeden Tag werden irgendwelche Zeitungsnotizen mit dicken Überschriften von der Bevölkerung gelesen: ›17jähriger Schmuggler angeschossen‹, ›An der Grenze herrscht wirklicher Krieg‹, ›Schüsse ohne Rücksicht auf Passanten‹, ›Schmuggel forderte ein Menschenleben‹, ›Manöverstimmung in der Eifel‹, ›Schmuggel forderte ein Menschenleben – 21jähriger

Arbeitsloser!‹ – ›Schmuggler brach zehn Meter vor der Grenze zusammen‹. Das ist nur ein kleiner Ausschnitt von Zeitungsnotizen einer einzigen Zeitung, und zwar einer bürgerlichen Zeitung, die nicht irgendwie in Sensationen macht, sondern so ist im Augenblick die Situation an der Aachener Grenze. […] Wir haben in Deutschland bekanntlich die Todesstrafe abgeschafft; es geht im Augenblick darum, ob die Todesstrafe wieder eingeführt werden soll. Selbst diejenigen, die Befürworter der Wiedereinführung der Todesstrafe sind, beschränken sich darauf, dass die Todesstrafe nur angewandt werden soll für ganz schwere Vergehen und da, wo man den Betreffenden sofort überführt hat. In diesem Fall hier sind unter den Opfern, die an der Grenze bei der Verfolgung des Schmuggels usw. entstehen, Jugendliche, Kinder, Erwachsene.«[7]

Der Abgeordnete Dr. Bertram (FU) aus Soest ergänzte: »Wenn an der deutschen Grenze im Jahre 3, 4 oder 5 Menschen erschossen, eine wesentlich größere Zahl von Menschen körperlich verletzt werden, nur weil sie Kaffee bei sich haben und auf den Halt-Ruf des Zöllners nicht stehenbleiben, dann liegt hier eine Verkennung der Rechtsgüter vor. […] Der Staat hat unter keinen Umständen das Recht, auf einen Menschen nur deshalb schießen zu lassen und ihn eventuell sogar zu töten, weil er dem Staat einige Zölle oder Abgaben hinterzieht..«[8]

Der Abgeordnete Ewers (DP) hielt dagegen: »Es wird gesagt, die Grenzmoral würde leiden. Nein, meine verehrten Damen und Herren, ich sage, die Volksmoral leidet! […] Da ich nun einmal zu den Juristen des Hauses gehöre, muss ich sagen: Die Bundesregierung hat die verdammte Pflicht und Schuldigkeit unseren Staat in einen Rechtsstaat zu verwandeln, (erneute Zustimmung) in dem sie keine Methoden zulässt, die Gesetzesübertretungen zu einer nur lässlichen, aber kaum zu vermeidenden kleinen Schuld machen. Wer die Gesetze nicht befolgt, sollte mit der ganzen Strenge angefasst werden können. (Sehr richtig! Rechts und in der Mitte).«[9]

Und Erich Honecker hätte auch noch ein paar Zeitungen dazulegen können. Zum Beispiel die Aachener Volkszeitung vom 14. Juli 1952 mit der Meldung: »Durch den Fund von fünf Patronenhülsen auf den Wiesen der Landwirte Kerres und Pitz, wo der 18 Jahre alte Schmuggler Hans Schiffers aus Eschweiler von dem Zollassistenten Moitzheim erschossen wurde, sind die Angaben der Zollbeamten über den Hergang der Tragödie so stark in Zweifel gezogen worden, dass die Polizei ihren bereits herausgegebenen abschließenden Bericht zurückgezogen hat. Es besteht der Verdacht, dass Moitzheim den tödlichen Schuss nicht, wie er angegeben hat, aus 50 bis 60 Meter, sondern aus etwa 12 Meter Entfernung abgefeuert hat. Die Kernfrage ist: Kann Moitzheim rechtfertigen unter den am Mittwoch gegebenen Umständen einen gezielten Schuss abgegeben zu haben? Oberrat Busch sprach von einem ›ausgesprochenen Genickschuss‹.« – K. H.)

1989: 18. Oktober: Honecker wird vom Politbüro zum Rücktritt genötigt. Sein Nachfolger wird Egon Krenz.

1989: 8. November: Gegen Honecker wird ein Ermittlungsverfahren wegen Amtsmissbrauch und Korruption eingeleiten.

1989: 3. Dezember: Honecker wird aus der SED ausgeschlossen. Daraufhin schließt er sich der wiedergegründeten KPD an.

Hier endet der Auszug der Biographie Erich Honeckers des Deutschen Historischen Museums und des Hauses der Geschichte der Bundesrepublik Deutschland.

*

Auszug aus Erich Honeckers Terminkalender der letzten fünf Jahre seiner Amtszeit als Staatsoberhaupt:

1984

30. 1. Empfang Kanadas Ministerpräsident Trudeau

9. 2. Grundsteinlegung für das Wohngebiet Berlin-Hohenschönhausen

13. 2. Treffen mit Helmut Kohl in Moskau

14. 3. Gespräch mit SPD-Fraktionsvorsitzenden Hans-Jochen Vogel

14. 6. Treffen mit Konstantin Tschernenko in Moskau

15. 6. Empfang des schwedischen Verteidigungsministers A. Thunborg

20. 6. Treffen mit dem Staatschef von Nikaragua Daniel Ortega

29. 6. Empfang des Ministerpräsidenten Schwedens Olof Palme

4. 7. Empfang des griechischen Staatspräsidenten Papandreou

9. 7. Empfang des Ministerpräsidenten Italiens Bettino Craxi und des Außenministers Guilio Andreotti

1. 10. Empfang des Generalsekretärs der Sozialistischen Partei Chiles Clodomiro Almeyda

8. 10. Empfang des UdSSR-Außenminister Andrej Gromyko

16. 10. Staatsbesuch in Finnland, Treffen mit Präsident Kekkonen

5. 11. Empfang des österreichischen Bundeskanzlers Fred Sinowatz

16. 11. Treffen mit dem Polnischen Staatspräsidenten Jaruzelski

11. 12. Gespräch mit dem Außenminister Belgiens Leo Tindemans

17. 12. Staatsbesuch in Algerien, Treffen mit Präsident Bendjedid

1985

11. 1. Empfang des Ministerpräsidenten von Nordrhein-Westfalen und stellvertretenden SPD-Vorsitzenden Johannes Rau

11. 2. Treffen mit dem Vorsitzenden der Konferenz der Evangelischen Kirchenleitungen der DDR, Landesbischof J. Hempel

13. 2. Eröffnung der Semper-Oper in Dresden

14. 2. Inoffizielles Gespräch mit Helmut Schmidt

12. 3. Treffen mit Bundeskanzler Helmut Kohl

8. 4. Gespräch mit dem kubanischen Verteidigungsminister Raul Castro

9. 4. Treffen mit britischem Außenminister G. Howe

23. 4. Einladung des italienischen Ministerpräsidenten B. Craxi nach Rom,

24. 4. Empfang durch Staatspräsident Pertini und Papst Johannes Paul II.

27. 4. Kundgebung in Brandenburg zum 40. Jahrestag der Befreiung des Zuchthauses Brandenburg-Görden

5. 5. Staatsbesuch in der UdSSR, Empfang durch Michail Gorbatschow

16. 5. Meinungsaustausch mit dem Vorsitzendem der SPD-Bundestagsfraktion Hans-Jochen Vogel

20. 5. Gespräch mit dem chinesischem Vize-Ministerpräsidenten Li-Peng

23. 5. Empfang des Regierungschefs der Republik Ghana P. Victor Obeng

3. 6. Gedankenaustausch mit dem IOC-Präsidenten Juan Antonio Samaranch – Auszeichnung mit dem Olympischen Orden in Gold

6. 6. Treffen mit Herbert Wehner (SPD) in Hubertusstock (DDR)

11. 6. Besuch des französischen Ministerpräsidenten Laurent Fabius in der DDR

12. 6. Empfang von Japans Außenministers S. Abe

23. 6. Antwortschreiben auf eine persönliche Botschaft des ehemaligen Präsidenten der USA J. Carter über Abrüstung und Sicherheit

2. 7. Treffen mit KPF-Chef George Marchais

4. 7. Empfang des niederländischen Außenministers H. van den Broek

1. 9. Empfang in Leipzig für den Ministerpräsidenten Bayerns Franz-Josef Strauß

19. 9. Empfang für Willy Brandt

23. 9. Treffen mit dem Krupp-Aufsichtsratsvorsitzenden B. Beitz

2. 10. Freundschaftsbesuch in Jugoslawien. Empfang durch Staatspräsident R. Vlajkovic

9. 10. Staatsbesuch in Griechenland. Treffen mit Staatspräsident C. Sartzetakis.

31. 10. Empfang des syrischen Ministerpräsidenten al Kassem

4. 11. Empfang des österreichischen Außenministers L. Gratz

6. 11. Empfang des indischen Vizepräsidenten R. Venkataraman

26. 11. Freundschaftstreffen mit dem CSSR-Präsidenten Gustav Husak

18. 12. Empfang für Gerhard Schröder, Mitglied der SPD-Bundestagsfraktion

1986

10. 1. Empfang für Mitglieder des USA-Repräsentantenhauses

25. 2. Teilnahme am KPdSU-Parteitag in Moskau. Treffen mit Michail Gorbatschow.

15. 3. Teilnahme an den Trauerfeierlichkeiten für den ermordeten schwedischen Ministerpräsidenten Olof Palme. Danach Gespräche mit Willy Brandt, Bundeskanzler Helmut Kohl, USA-Außenminister George Shultz, mit dem indischen Ministerpräsidenten R. Gandhi, NRW-Ministerpräsidenten Johannes Rau und BRD-Außenminister Hans-Dietrich Genscher

15. 3. Empfang durch Schwedens König Carl XVI.

14. 4. Empfang für Präsidenten Äthiopiens Mengistu Haile Mariam

22. 4. Empfang für Michail Gorbatschow

15. 5. Empfang für Oberbefehlshaber Schwedens General L. Ljung

16. 5. Empfang für Ministerpräsidenten Baden-Württembergs Lothar Späth

20. 5. Empfang für Chinas Staatskommissar Song Kian

26. 5. Empfang für österreichischen Verteidigungsminister H. Krünes

28. 5. Gespräch mit SPD-Bundestagsfraktionsvorsitzenden Hans-Jochen Vogel

2. 6. Gespräch mit dem chinesischen Außenminister W. Xueqian

25. 6. Staatsbesuch im Königreich Schweden

19. 8. Empfang für Vorsitzenden des Krupp-Aufsichtsrates Berthold Beitz

3. 9. Besuch des belgischen Ministerpräsidenten W. Martens

15. 9. Besuch des griechischen Staatspräsidenten C. Sartzetakis

16. 9. Empfang des Präsidenten Nikaraguas Daniel Ortega

2. 10. Freundschaftsbesuch in der Sowjetunion. Treffen mit Michail Gorbatschow

17.-24.10. Asienreise. KVDR – VR China – Mongolische Volksrepublik

8. 11. Treffen mit Herbert Wehner in Hubertusstock

1987

12. 1. Empfang des japanischen Ministerpräsidenten Y. Nakasone

18. 1. Briefwechsel mit den Kindern der USA-Stadt Moorestown

2. 2. Empfang des UdSSR-Außenministers Eduard Schewardnadse

13. 2. Empfang des Ministerpräsidenten von Rheinland-Pfalz Bernhard Vogel

11. 3. Besuch des Ministerpräsidenten des Saarlandes Oskar Lafontaine

27. 3. Treffen mit Bundesminister Wolfgang Schäuble

10. 4. Gespräch mit FDP-Bundestagsfraktionsvorsitzenden Wolfgang Mischnick

6. 5. Empfang des kanadischen Außenministers J. Clark

14. 5. Übergabe der Berliner Nikolaikirche

15. 5. Treffen mit SPD-Bundestagsfraktionsvorsitzenden Hans-JochenVogel

18. 5. Empfang für Außenminister Thailands S. Savetsila

19. 5. Übergabe des Berliner Ephraim-Palais‹

28. 5. Meinungsaustausch mit Michail Gorbatschow

3. 6. Staatsbesuch in den Niederlanden. Empfang durch Königin Beatrix und Prinz Claus

8. 6. Empfang für Chinas Ministerpräsidenten Ziyang

15. 6. Empfang für UNO-Generalsekretär Perez de Cuellar

23. 6. Empfang für Präsidenten der »Jewish Claims Conference« I. Miller

12. 8. Empfang des Außenministers Uruguays Iglesias

4. 9. Empfang des USA-Industriellen A. Hammer

7. 9. Offizieller Besuch in der BRD.

16. 9. Besuch des polnischen Präsidenten Wojciech Jaruzelski

29. 9. Finnlands Staatspräsident Koivisto in der DDR

13. 10. Staatsbesuch in Belgien auf Einladung von König Baudouin I.

7. 11. Treffen mit Michail Gorbatschow in Moskau

11. 11. Meinungsaustausch mit dem stellvertretendem USA-Außenminister J. C. Whitehead

12. 11. Empfang des ANC-Präsidenten Oliver Tambo

1988

7. 1. Staatsbesuch in Frankreich. Treffen mit Präsident Francois Mitterand und Ministerpräsident Jacques Chirac

10. 2. Empfang für Präsidenten der algerischen Nationalversammlung R. Bitat

11. 2. Gespräch mit Regierendem Bürgermeister Eberhard Diepgen

3. 3. Gespräch mit dem Vorsitzenden der Konferenz der Evangelischen Kirchenleitungen in der DDR Bischof Werner Leich

18. 3. Griechische Kulturministerin Melina Mercouri überbringt Schreiben von Andreas Papandreou

22. 4. Empfang für Vizepräsidenten Argentiniens V. Martinez

28. 4. Empfang des CDU/CSU-Bundestagsfraktionsvorsitzenden Volker Rühe

29. 4. Treffen mit Vorsitzendem der SPD-Bundestagsfraktion Hans-Jochen Vogel

4. 5. Gespräch mit dem mocambiquanischen Außenminister M. Mocumbi

10. 5. Gespräch mit chinesischem Gewerkschaftsvorsitzenden Ni Zhifu

12. 5. Empfang des tansanischen Premierministers J. S. Warioba

13. 5. Gespräch mit UdSSR-Außenminister Eduard Schewardnadse

16. 5. Treffen mit Mikis Theodorakis, der Botschaft von Andreas Papandreou überbringt.

16. 5. Empfang für irakischen Außenminister T. Aziz

7. 5. Besuch von Rodney Arismendi, Generalsekretär der KP Uruguays

19. 5. Gespräch mit Generalsekretär der Schweizer Partei der Arbeit J. Spielmann

27. 5. Empfang für Bürgermeister der japanischen Stadt Arita R. Aoki

2. 6. Empfang des neugewählten Präsidenten des Verbandes der Jüdischen Gemeinden in der DDR H.-J. Levy

11. 6. Treffen mit ersten Stellvertreter des USA-Außenministers J. C. Whitehead

14. 6. Empfang für Bundeskanzler Österreichs Franz Vranitzky

20. 6. Treffen für kernwaffenfreie Zonen in Berlin

14. 9. Staatsbesuch des dänischen Ministerpräsidenten P. Schlüter

15. 9. Empfang Yassir Arafats, Vorsitzender Exekutivkomitee der PLO

18. 9. Treffen mit SPD-Vorsitzendem Lafontaine

27. 9. Arbeitsbesuch in der UdSSR. Treffen mit Michail Gorbatschow

3. 10. Staatsbesuch im Königreich Spanien

12. 10. Übergabe der 3.000.000. Neubauwohnung in Berlin

17. 10. Treffen mit E. M. Bronfmann, Präsident des Jüdischen Weltkongresses

26. 10. Empfang des portugiesischen Außenministers J. de Deus Pinheiro

28. 10. Begegnung mit T. S. Monson (USA), Repräsentant der Mormonen

3. 11. Empfang des Außenministers Luxemburgs J. Poos

8. 11. Empfang der Mitglieder jüdischer Gemeinden in der DDR

10. 11. Grundsteinlegung für Neue Synagoge in Berlin, Oranienburger Straße

10. 11. Treffen mit Bundesminister Schäuble

16. 11. Treffen mit Vorsitzendem der Krupp-Stiftung Berthold Beitz

17. 11. Arbeitsbesuch des rumänischen Staatspräsidenten Nicolae Ceaucescu

7. 12. Empfang des jugoslawischen Staatspräsidenten R. Dizdarevic

15. 12. Arbeitsbesuch des PLO-Vorsitzenden Arafat

1989

9. 1. Einladung nach Magnitogorsk zum 60. Jahrestag der Inbetriebnahme des Werks

23. 1. Staatsbesuch des schwedischen Ministerpräsidenten I. Carlsson

31. 1. Treffen mit Ministerpräsident des BRD-Landes Schleswig-Holstein und Präsidenten des BRD-Bundesrates Björn Engholm

3. 5. Arbeitsbesuch in der CSSR

16. 5. Freundschaftsbesuch des äthiopischen Präsidenten Mengistu Haile Mariam

18. 5. Empfang des belgischen Prinzen Albert und des belgischen Außenministers R. Urbain

22. 5. Staatsbesuch des polnischen Präsidenten Wojciech Jaruzelski

25. 5. Gespräch mit SPD-Vorsitzendem Hans-Jochen Vogel

26. 5. Besuch des Staatspräsidenten Mocambiques J. A. Chissano

9. 6. Gespräch mit UdSSR-Außenminister Eduard Schewardnadse

11. 6. Weihe des Doms St. Nikolai in Greifswald

16. 6. Empfang von Algeriens Außenministers Escheikh

28. 6. Arbeitsbesuch in der UdSSR, Reise nach Magnitogorsk. Treffen mit Michail Gorbatschow

8. 7. Tagung des Politisch Beratenden Ausschusses der Teilnehmerstaaten des Warschauer Vertrages. Vorzeitige Rückreise wegen Erkrankung

Ende des Terminkalenders.

Erich Honecker war am Ende seines Lebens ein gnadenlos Gehetzter. Die Regierung der Bundesrepublik Deutschland, dessen Obrigkeit 25 Monate vorher rote Teppiche für ihn ausgerollt hatte und die Ehrenkompanien zum Klang der Hymne der DDR salutieren ließ, trieb ihn durch Haft und einen Prozess erbarmungslos in den Krebstod, ungeachtet aller Warnungen der Ärzte.

Im Nachlass Erich Honeckers fand sich eine fast lückenlose Zeittafel des Geschehens ab Oktober 1989, in der er – mit vielen handschriftlichen Ergänzungen – das Geschehen festhielt. Er verzichtete auf Kommentare und schrieb oft von sich in der dritten Person als »E. H.«

Der Text war ergänzt durch meist handschriftliche Protokolle Margot Honeckers über Gespräche und Verhandlungen, die an den verschiedenen Aufenthaltsorten des Ehepaars Honecker stattfanden.

18. Oktober 1989: Sitzung des Politbüros: Bestätigung meiner Rücktrittserklärung von allen Funktionen. Nachmittags: 9. Plenum des ZK, Rücktritt E. H. mit ehrenvollem Abschied. 11. Plenum: E. H. unter Hausarrest gestellt und auf dem Plenum aus der Partei ausgeschlossen. Nach dem 10. Plenum verfasste E. H. eine Erklärung. E. Krenz empfahl diese zurückzuziehen. Der Zurückziehung stimmte E. H. aus Parteidisziplin zu. Nach dem Ausschluss aus der Partei, die ohne Anhörung erfolgte, verfasste E. H. die zweite Erklärung, mit der Forderung, sie dem ZK vorzulegen. Dies geschah weder auf der ZK-Sitzung noch auf dem Sonderparteitag, auf dem eine verschärfte Kriminalisierung der Politik und der Person E. H. ohne Prüfung von Beweisen durch Gregor Gysi erfolgte. (»Verbrecherisches Wirken« usw.)

22. Oktober 1989: Brief des Schriftstellers Stephan Hermlin an Honecker: »Lieber Erich, […] Ich gehöre nicht zu den Menschen, die angesichts einer Wende, einer Veränderung ihr Gedächtnis einbüßen. Im Gegenteil, mein gutes Gedächtnis hat mein Leben mitgelenkt und mich davor bewahrt, in die Irre zu gehen. Lass Dir sagen, dass Du einer der ganz wenigen Menschen bist, an die ich seit meiner Rückkehr nach Deutschland 1955 am liebsten denke. Das war so und das bleibt so. […] Du bist und bleibst für mich ein Vorbild, auch wenn die Zeiten und ihre Anforderungen an uns wechseln mögen. […] Du bleibst in meinem Herzen und in meinen Gedanken.«

November 1989: In Heft 48/89 der *Neuen Berliner Illustrierten* schreibt Günter Gaus, erster Leiter der ständigen Vertretung der BRD in der DDR über Honecker: »Es ist mir ein Wunsch und Bedürfnis, hier zu sagen: Fehler hin, Fehler her, die Erich Honecker gemacht hat – ich habe nach wie vor Respekt vor seiner Lebensleistung. Er ist für seine Überzeugung ins Zuchthaus gegangen. Es war eine Minderheit, die das getan hat. Ich habe Respekt vor dieser Minderheit. […] Ich hatte immer Anlass anzunehmen, dass der Satz ›es darf von deutschem Boden nie wieder Krieg ausgehen‹, für Erich Honecker keine Phrase war. […] ich hätte gerne, dass der alte Mann […] liest, was ich ihm hier Gutes nachsage.«

Dezember 1989: Hausdurchsuchung. Sein Haus war zuvor umstellt worden.

22. Dezember 1989: Der Familie Honecker wird das Einfamilienhaus in Wandlitz gekündigt. *(Wer immer den Befehl unterschrieb, Erich Honeckers Haus umstellen zu lassen und wer sich auch entschlossen haben mag, ihm die Wohnung zu kündigen, wird diese Entscheidungen vor seinem Gewissen verantworten müssen. Faktisch wurde die Familie Honecker damit zu den ersten Obdachlosen der DDR – K. H.)*

Januar 1990: Mitteilung der Ärzte, dass eine Krebsoperation unumgänglich sei. Nach der Operation und dem folgenden 14-tägigen Krankenhausaufenthalt erfolgte die Verhaftung im Krankenhaus. Am Abend zuvor, am

29. Januar 1990, war die Station im Krankenhaus von Polizei besetzt worden. Der zuständige Generalstaatsanwalt hielt es für angemessen, Polizisten die ganze Nacht über im Krankenzimmer zu postieren. Morgens erfolgte die Überführung in die Haftanstalt Rummelsburg. Ignoriert wurde durch diese Maßnahmen das Ärztliche Gutachten des Klinikdirektors der Charité Prof. Dr. Peter Althaus (27. Januar 1990): »Aus ärztlicher Sicht ist der Patient haftunfähig. Eine erneute medizinische Begutachtung erscheint frühestens im August 1990 angezeigt.«

29. Januar 1990: Ärztliche Stellungnahme im Auftrag des Ministeriums für Innere Angelegenheiten durch den Chefarzt der medizinischen Betreuung der Strafgefangenen, OMR Janata und dem OMR Zels: »Aus unserer Sicht ist eine psychische und physische Rehabilitation unter entsprechenden Bedingungen und ambulanter ärztlicher Betreuung für vorerst 4 Wochen erforderlich.«

30. Januar 1990: Entlassung aus der Haftanstalt Rummelsburg und Unterbringung in Lobetal bei Pastor Holmer.

26. Februar 1990: Zitat des *Spiegel*: »Die [...] Justiz verfolgt den einstigen Staatschef Erich Honecker mit massiven Vorwürfen. Er soll Hochverrat begangen und auf ein eigenes Konto 75 Millionen Westmark geleitet haben, die Bonn angeblich im letzten Jahr für Häftlingsfreikäufe überwies. [...] Ein zweites Mal in seinem Leben ist E. H. ein politischer Häftling. Nicht anders sind die Vorwürfe zu werten, die der Ost-Berliner Generalstaatsanwalt in seiner Akte gegen die einstige Nummer eins des Staates zusammengetragen hat: Hier soll einer [...] fertiggemacht werden.« *(Der Eifer des Generalstaatsanwalts eskalierte schon bald zum Treibjagdeifer. Niemals konnte E. H. Bereicherung nachgewiesen werden. Ein Vergleich zu der Jagd auf Erich Honecker 55 Jahre zuvor drängt sich immer mehr auf – K. H.)*

5. März 1990: »Auf Anordnung des Generalstaatsanwalts der DDR wurde das Grundstück Wildfang bei Groß-Schönebeck des einer Straftat verdächtigen Honecker, Erich, durchsucht, um Gegenstände und Unterlagen, die als Beweismittel von Bedeutung sein können [...] zu beschlagnahmen oder sicherzustellen. [...] Antrag auf richterliche Durchsuchung/Beschlagnahme gegen Honecker, Erich, wegen ›Hochverrats‹ durch unleserliche Unterschrift bestätigt. Beschlagnahmt wurden von 11 bis 16.30 Uhr 50 Gegenstände.«

Position 07: 1 Keramikschale

Position 20: 1 rustikaler Krug mit Becher

6. März 1990: Fortsetzung der Durchsuchung. Beschlagnahmt wurden von 10 bis 16 Uhr 104 Gegenstände. Position 17: 1 Bastkorb, Position 36: 1 Bild »Lenin mit Bauern«, Position 100: 1 Faltboot, grün, Position 104: 3 Fischnetze.

8. März 1990: Die Durchsuchung wird fortgesetzt.

9. März 1990: Die Durchsuchung wird fortgesetzt.

12. März 1990: Die Durchsuchung wird fortgesetzt. Es werden von 9 bis 16.15 Uhr 80 Gegenstände beschlagnahmt.

Position 74: 1 Flaschenöffner, Holz, Position 67: 1 Salatlöffel. (Unterschriften unter allen Protokollen unleserlich.)

29. März 1990: Besuch von Hans Modrow in Lobetal, danach Abfahrt nach Lindow. Die dortige Unterkunft wurde durch die Regierung Modrow vermittelt. Aufgeputschte Bürger verlangen den Auszug. Bürgerkomitee und Ortspfarrer beteiligen sich aktiv an diesem »Auszug«. *(Mündliche Ergänzung von Margot Honecker: »Das Heim, in dem man uns unterbringen wollte, gehörte einer anderen Blockpartei, wahrscheinlich war es ein Schulungsheim. Schon als wir hereinkamen, spürten wir Unwillen. Das Heim sollte wohl als Hotel betrieben werden und da kamen wir sehr unpassend. Im Restaurant saßen auch Gäste. Vor dem Tor waren etwa 50 Polizisten und etwa ebensoviel Demonstranten aufmarschiert. Die Demonstranten randalierten, die Polizisten taten unbeteiligt. Ich packte unsere Koffer gar nicht aus. Die Lage spitzte sich zu, und wir wurden wieder weggefahren. Die Wagen fuhren langsam, die ›Demonstranten‹ hämmerten mit Fäusten auf das Wagendach. Hätte ich einen Fern-*

sehreporter gesehen, wäre ich demonstrativ ausgestiegen. Wir fuhren zurück nach Lobetal und die Pfarrersfrau war empört und schwor: ›Wir lassen sie jetzt nicht mehr hier weg.‹« [In Modrows Memoiren ist diese Aktion nicht erwähnt. Es fiele auch wohl auch schwer sie zu »begründen«. Es fiele auch nicht leicht, zu erklären, wieso im Vorfeld seiner Verhaftung ausreichend Sicherheitskräfte zur Verfügung standen, ein Krankenzimmer zu »bewachen«, während bei dieser »Verlegung« kaum welche zu seinem Schutz zur Verfügung standen – K. H.])

3. April 1990: Wir wurden ins sowjetische Militärhospital Beelitz gebracht (zur Wiederherstellung der Gesundheit und zur Gewährleistung einer Unterkunft).

19. April 1990: Margot Honecker erleidet einen Herzinfarkt.

7. Mai 1990: Rechtsanwalt Friedrich Wolff an DDR-Ministerpräsident Lothar de Maizière: »Wie der Öffentlichkeit bekannt ist, verfügt das Ehepaar Honecker bis zum heutigen Tag über keinen eigenen Wohnraum. Dieser Zustand ist, wie ich glaube, weder mit unserer Verfassung noch mit humanistischen Prinzipien vereinbar.«

22. Mai 1990: Die de-Maizière-Büroleiterin Sylvia Schultz antwortet: »Nach Rücksprache mit dem Ministerpräsidenten darf ich Ihnen mitteilen, dass Sie sich bezüglich Ihres Anliegens zuständigkeitshalber an den Magistrat wenden möchten.« *(KOMMENTAR: Auch diese Reaktion des inzwischen zum DDR-Ministerpräsidenten aufgestiegenen de Maizière war nicht sehr menschlich – K. H.)*

23. Mai 1990: Es beginnt eine Serie von Untersuchungen durch eine Ärztekommission. (Zwei Internisten, 4 Neurologen und Psychiater). Die Kommission war eingesetzt worden auf Weisung der Generalstaatsanwaltschaft vom Gesundheitsminister. Sie stellte Vernehmungsfähigkeit, aber Haftunfähigkeit fest.

14. Juli 1990: Besuch des Innenministers Diestel. Gespräch zum Problem Wohnung und Sicherheit und sonstige Fragen. *(Die Honeckers konnten nicht ahnen, was sich Mitte Juli zwischen Bonn und Moskau zugetragen hatte Alt-Kanzler Kohl im Jahr 2000 im ZDF-Interview: »Meine Beziehungen zu Michail Gorbatschow haben sich dramatisch verändert seit dem Sommer 1989. [...] Beispielsweise, als es darum ging, ihm zu helfen, dass die Regale in Kiew und Swerdlowsk oder sonstwo gefüllt werden – es war ja eine echte Versorgungskrise. Die Tatsache, dass dann die Deutschen innerhalb von Tagen – für ein System wie die Sowjetunion völlig undenkbar – fast 3,5 Millionen DM helfen mit Butter und Zucker, [...] dass die deutsche Konsumgüterindustrie ihm Hunderttausende von Schuhen [...] bis hin zu Büstenhaltern [...] liefert, war für ein System, das alles plant und endlose Zeiten braucht, ganz undenkbar.‹ [ZDF-Interview 2000, Take 151, S. 8] In einem Gespräch mit Alexander von Plato bestätigte Teltschik: »Die haben öfter gefragt, warum Gorbatschow die Wiedervereinigung akzeptierte. Ich glaube, am Ende in der Hoffnung, dass er mit Deutschland den entscheidenden Partner hat, der ihm hilft, die Sowjetunion zu reformieren.« [Von Plato; Die Vereinigung Deutschlands, Bonn 2003; S. 44f.]*

Das nächste Treffen fand in Moskau statt. Die DDR war schon gar nicht mehr geladen. Kohl erschien am 15. Juli 1990 mit großem Gefolge. Gorbatschow erinnerte sich in seinen Memoiren: »Es begannen Verhandlungen auf höchster Ebene, die im Prinzip diesen Prozess vollenden [...] sollten.« [Gorbatschow: Wie es war, München 1999; S. 140] »Noch am selben Abend flogen wir gemeinsam in den Nordkaukasus, in meine Heimat. Der Kanzler hatte das schon lange gewünscht und mir versprochen, mich wiederum in seine Heimat einzuladen. So würden wir unsere politische Freundschaft durch die persönliche Verpflichtung festigen, Wort zu halten, und eine emotionale Komponente in die ›Realpolitik‹ einbringen. Ich schlug vor, die an sich offiziellen Verhandlungen in einer entspannten Atmosphäre an einem wunderschönen Ort in den Bergen fortzusetzen, in Archys. [...] Archys wurde zu einem einzigartigen Symbol der deutschen Wiedervereinigung auf sowjetischem Boden.« [Gorbatschow; Wie es war; München 1999; S. 144]

Diese Feststellung dokumentiert Gorbatschows Haltungswandel. Vergessen waren alle Treueschwüre gegenüber der DDR, seine »Freunde« waren von nun an die »anderen Deutschen«! In seiner kaukasischen Heimat besiegelte er die neue Bindung.

Valentin Falin komplettierte in seinen Memoiren die Ereignisse in Archys: »Die Berater des Generalsekretärs sind dafür, dass wir die DDR ihrem Schicksal überlassen und uns damit abfinden, dass das vereinigte Deutschland der NATO beitritt; man muss mehr daran denken, das eigene Gesicht zu wahren. [...] Zum Besuch Kohls schrieb ich ein energisches Memorandum für Gorbatschow: Dieses Treffen ist die letzte und entscheidende Möglichkeit, unsere Interessen wahrzunehmen. [...] Das Telefon klingelt. ›Was wolltest du mir sagen?‹ – ›In Ergänzung zu meinem Memorandum halte ich es für meine Pflicht, Ihre Aufmerksamkeit ganz besonders auf drei Momente zu lenken: [...] Man will uns den Anschluss aufhalsen. Das wird unerfreuliche Folgen haben. Alle moralischen und politischen Kosten werden auf die Sowjetunion und ihre ›Kreatur‹, die DDR, abgewälzt. Die Übertragung der Rechtsnormen eines Staates auf einen fremden macht alles illegal, was sich in der DDR im Laufe von 40 Jahren vollzogen hat. Dadurch werden einige hunderttausend Menschen potentiell zu Angeklagten.‹ – ›Verstanden, weiter.‹ [...] Gorbatschow stellte noch einige präzisierende Fragen [...] und schloss: ›Ich werde tun, was ich kann. Nur fürchte ich, dass der Zug bereits abgefahren ist.‹

Abgesehen vom Inhalt der Vereinbarungen von Archys im Nordkaukasus, zu denen man in der Zeitgeschichte lange nach einer Parallele suchen wird, war die Behandlung eines der kompliziertesten Friedensprobleme äußerst anfechtbar und in der Ausführung anstößig. Entschieden wurde für und in der Abwesenheit der DDR, die unser Bündnispartner gewesen war. Man hatte sich nicht einmal die Mühe gemacht, die DDR-Vertreter einzuladen oder sie zu fragen. Die Warschauer Vertragspartner waren nicht konsultiert worden. Die Viermächteverantwortung wurde übergangen. [...] Unter welchem Blickwinkel man die Handlungen von Gorbatschow und Schewardnadse auch betrachtet, sie halten keiner Kritik stand, weder vom Gesichtspunkt der Gesetzlichkeit aus noch von dem der Einhaltung der eingegangenen Verpflichtungen, noch von dem der elementaren Pflichten. Bei meiner letzten Begegnung mit Willy

Brandt im Frühjahr 1992 erzählte er mir: ›Als die Honecker-Affäre anfing, fragte ich Helmut Kohl, ob in Archys das Thema der Nichtverfolgung der ehemaligen Führer des souveränen Staates DDR zur Sprache gekommen sei. Der Bundeskanzler, so seine Worte, hat Gorbatschow vorgeschlagen, den Personenkreis zu benennen, gegen den keine strafrechtlichen Verfahren eingeleitet werden sollen. Doch der sowjetische Präsident erwiderte, die Deutschen würden schon selbst mit diesem Problem fertig.‹

Im ersten Augenblick des Treffens in Archys stockte Kohl und Genscher wohl der Atem. Sie blickten betreten auf den Präsidenten der UdSSR: Hatte er einen Witz gemacht? Doch nachdem sich herausstellte, dass Gorbatschow und sein Minister sich ernsthaft in politischem Masochismus ergingen, war eher zu klären, ob hier nicht Danaergeschenke dargereicht würden. […] Nicht einmal unter Stalin hatte das so funktioniert. […] Fände sich […] jemand, der etwa laut sagen würde, dass in Archys Berijas Pläne verwirklicht worden sind, der schon 1953 die DDR aufgeben wollte (allerdings zu erheblich besseren Bedingungen), das Vertragspaket würde aufs Schafott gebracht mitsamt seinen Autoren.« [Holm, Knut; Chronik des Kreuzzugs gegen die DDR, Berlin 2001, S. 94f.]

Diesen Feststellungen mangelt es nicht an Deutlichkeit. Selbst wer die persönliche Animosität zwischen Gorbatschow und Falin an dieser Stelle ins Spiel bringen wollte, käme nicht umhin, Falin Recht zu geben und damit auch seinen Vorwurf zu unterstreichen, dass die in Archys vereinbarte Lösung nicht nur unwiderruflich die

DDR verhökerte, sondern der Bundesregierung auch den Weg öffnete, ihren juristischen Feldzug gegen Repräsentanten der DDR in großem Stil zu beginnen, eine »Spezialeinheit« für die Aufklärung angeblicher »Regierungskriminalität« zu installieren und den unseligen politischen Vergleich zwischen Naziherrschaft und DDR in der Öffentlichkeit zu etablieren.«

Nur wenn man also das Geschehen in Archys in Rechnung stellt, lässt sich erklären, was den Honeckers nach dem Treffen in Archys widerfuhr. – K. H.)

10. August 1990: Vernehmung auf Weisung des amtierenden Generalstaatsanwalts Seidel, Vorhaltung zum Verdacht auf Mord und vorsätzliche Körperverletzung.

August 1990: Vernehmungen durch Generalstaatsanwalt Gaunitz in Beelitz.

2. Oktober 1990: DDR-Generalstaatsanwalt Günter Seidel händigt dem Generalbundesanwalt Alexander von Stahl die Anklageakte aus.

1. Dezember 1990: Der Haftbefehl gegen Erich Honecker wird erlassen. In Wünsdorf wurde um Überstellung E. H. gebeten. Das wurde unter Bezugnahme auf den Truppenvertrag abgelehnt.

Ende Februar 1991: Ablehnung der 5. Haftbeschwerde der Anwälte durch das Kammergericht Berlin. Akute Erkrankung und Verschlechterung des Gesamtzustandes Erich Honeckers. Seitens der SU Anfrage nach prinzipiellem Einverständnis einer Behandlung in der SU.

6. März 1991: Das Berliner Kammergericht verwirft eine Haftbeschwerde.

13. März 1991: Abflug in die SU. Aktennotiz von M. H.: »Auf dem Flugplatz Sperenberg teilte uns der Stabschef der sowjetischen Streitkräfte mit: Kohl wurde darüber informiert, dass die Verschlechterung des Gesundheitszustandes Erich Honeckers eine Verlegung in ein Krankenhaus nach Moskau erforderlich macht. Es sei dieser Mitteilung ein ärztliches Gutachten beigefügt. Wenn E. H. wünsche, Asyl in der SU zu nehmen, so wird dies gewährt werden. […] ›Wir‹, so sagte er, ›werden es nicht zulassen, dass die Ehre und Würde Erich Honeckers verletzt wird. Wir haben große Hochachtung vor ihm, seiner Standhaftigkeit und der Haltung seiner Familie.‹ Der Flug nach Moskau erfolgt in ärztlicher Begleitung. Vom Flugplatz in Moskau fuhren wir in das Militärhospital Manderyka. Während unseres Aufenthalts dort protestierte Bonn.« *(Unumgängliche Einfügung: Dieser Schritt des sowjetischen Kommandos enthüllt faktisch, dass die sowjetische Armee nicht bereit war, die Gorbatschow-Kapitulation zu akzeptieren – K. H.)*

April 1991: Die zuständige Instanz teilt mit, dass die Margot und Erich Honecker keine Altersrente mehr erhalten.

30. Mai 1991: Umzug in ein Gästehaus außerhalb Moskaus unweit von Gorki.

11. September 1991: Brief E. H. an M. S. Gorbatschow: »Sehr geehrter Herr Präsident, aus den Medien erfahre ich, dass die Bundesrepublik Deutschland meine Auslieferung aus der UdSSR verlangt. […] Die mir gemachten Vorwürfe stellen daher ihrem Wesen nach eine politische Verfolgung dar. Die Beendigung des Kalten Krieges kann nicht dazu führen, dass die Handlungen der einen Seite kriminalisiert und die der anderen legalisiert werden. Unter Berücksichtigung dieser Tatsachen bitte ich Sie, mir Schutz vor strafrechtlicher Verfolgung zu gewähren. Ich bitte Sie um politisches Asyl für meine Frau und mich.«

17. September 1991: Man informiert uns, dass das Außenministerium Kontakt zur Konsularabteilung der BRD herstellen wird, damit Margot Honecker einen Pass erhält. Auch Genscher sei bei seinem Besuch in Moskau informiert worden. Die Vertreter des Außenministeriums informierten über das Pressegespräch nach dem Genscher-Besuch. Auf eine Frage von *TASS* wurde erklärt: »Es wurde mit Genscher über Honecker gesprochen. Es gab keine Vereinbarung, auch nicht in Bezug auf eine eventuelle Weiterreise in ein drittes Land. Die Fragen werden weiter behandelt.«

23. September 1991: Es wurde mitgeteilt, dass M. H. ihren Pass abholen kann. […] Die Vertreter des Außenministers informierten, sie hätten gehört, dass Honecker ein Gespräch mit dem deutschen Botschafter in Moskau wünsche. Das wurde von E. H. entschieden verneint.

22. Oktober 1991: BRD-Justizminister Klaus Kinkel fordert offiziell in Moskau die Auslieferung Honeckers.

10. November 1991: Den Vertretern des Außenministeriums wurde der Standpunkt der Anwälte zu einem Gesprächswunsch des deutschen Botschafters mit E. H. mitgeteilt. »Der deutsche Botschafter möge sich über das Außenministerium an die Anwälte in Deutschland wenden«.

10. Dezember 1991: Um 16 Uhr Ortszeit suchte uns der Minister für Justiz Russlands, Fjodorow, der Innenminister Dunajew und der Stellvertreter des Außenministers Kolokolow in unserem Quartier auf. Fjodorow verlas das »Protokoll« über die Ausweisung vom Territorium Russlands. Erich Honecker legte Protest ein. […] Der Minister für Justiz, Fjodorow, verlangte in unbeschreiblich unhöflicher Art, dass E. H. das »Protokoll« unterzeichnen solle. E. H. lehnte entschieden ab. […] Unsere Forderung nach Rechtsbeistand wies er zurück. E. H. bestand darauf, seine Anwälte zu konsultieren. Auch dies wurde abgelehnt. Der Einwand unsererseits, dass es sich bei der Ausweisung um einen juristischen Akt handele, nämlich die Auslieferung nach Deutschland, bewog Fjodorow zu der Erklärung, E. H. brauche seine Unterschrift nicht unter das Protokoll zu setzen, er könne auf einem beigefügten Blatt erklären, dass er das Protokoll zur Kenntnis genommen habe. Wir forderten nochmals eine Konsultation mit den Anwälten. Nach geltenden Gesetzen stehe E. H. ein Rechtsbeistand zu. Fjodorow erklärte: Hier gelten die Gesetze Russlands. […] Die russischen Vertreter erklärten, E. H. könne bis 13. Dezember 1991 reisen. Wohin E. H. »freiwillig« reisen könne, blieb offen. […] Fjodorow erklärte, dass eine Ausweisung, wenn nötig, auch mit Gewalt vollzogen würde. Zum Zeitpunkt der Ausweisung gab es noch immer kein rechtliches Ersuchen der deutschen Justiz.

11. Dezember 1991: Wie schon mehrere Male zuvor waren wir in die chilenische Botschaft vom Botschafter Clodomiro Almeyda und seiner Frau zum Mittagessen eingeladen worden. E. H. erlitt dort am Nachmittag eine Herzattacke, nach all den Aufregungen der letzten Tage. Die chilenische Botschaft informierte die chilenische Regierung. M. H.: »Ich fuhr in unser Quartier unweit Moskaus, um Medikamente für meinen Mann zu holen. Als ich zurückkehrte, hatte uns die chilenische Regierung vorläufiges Gastrecht in der Residenz des Botschafters erteilt. Ich fuhr zurück, um unsere persönlichen Sachen zu holen. Der Botschafter und ich unternahmen sofort alle notwendigen Schritte, um in ein anderes Land reisen zu können. Ich begab mich in die koreanische Botschaft mit einem Schreiben E. H. an Kim Il Sung, der ihn bereits zu einem früheren Zeitpunkt zu einem Kuraufenthalt in Korea eingeladen hatte.«

13. Dezember 1991: Der koreanische Botschafter informierte mich, dass er nach Erhalt des Briefes die Weisung erhalten habe, die Linienmaschine nach Korea zu stoppen. Er führte sofort Verhandlungen mit den Vertretern der Regierung Russlands, die sich jedoch strikt weigerte, ein Ausreisevisum zu erteilen. Von der Annahme ausgehend, dass die Regierung der BRD humanitäre und medizinische Hilfe nicht verweigern würde, unternahm die koreanische Regierung […] in Zusammenarbeit mit dem chilenischen Botschafter Almeyda intensive Anstrengungen, die Ausreise zu erwirken. In den Verhandlungen mit Vertretern der russischen Regierung wurde wiederholt bekräftigt, dass E. H. Immunität genieße, solange er sich auf dem Territorium der Botschaft befinde. Das Gelände war inzwischen von russischen Sicherheitskräften umstellt.

14. Dezember 1991: Nach Ablauf der Frist der Ausweisung suchten Vertreter der russischen Regierung E. H. auf und teilten ihm in Gegenwart des chilenischen Botschafters mit, dass Jelzin die Frist bis zum 16. Dezember verlängert habe.

E. H. protestierte und verlangte erneut, in ein Land seiner Wahl reisen zu dürfen. Er sei legal eingereist und wolle legal ausreisen.

16. Januar 1992: Protokoll über das Gespräch mit dem stellvertretenden Justizminister Derjabin: »Dieser erklärte zum Anliegen seines Besuchs, dass er sich freue, E. H. begegnen zu können und ihm seine Hochachtung zu bezeugen. Leider sei die Lage, in der wir uns befänden, sehr schwer. Er habe den Auftrag, offen mit uns zu sprechen und gemeinsam über die Lage zu beraten. Alle Entscheidungen, E. H. betreffend, würden von der sowjetischen Seite nur im vollen Einverständnis mit E.H. getroffen werden. [...] Die Lage der SU, auch die innere Lage, werde immer schwieriger. Der politische und ökonomische Druck der BRD wächst auf allen Gebieten. Dazu gehöre auch die Frage der Rückführung von E.H. nach Deutschland. Die BRD gehe davon aus, dass die Verlegung nach Moskau eine Verletzung der Souveränität durch die SU gewesen sei. Die Frage E. H. wird zur Belastung zwischen beiden Regierungen. [...]

Für die sowjetische Seite wäre die beste Variante, wenn E. H. sich entscheiden würde, freiwillig nach Deutschland zu gehen. Man würde sich für faire Bedingungen für seine Behandlung einsetzen. Dazu erklärte E. H.: Auf die offenen Darlegungen Derjabins gäbe er ihm ebenso offene Antworten. Er gehe gegenwärtig nicht nach Deutschland zurück. Er gäbe sich nicht dafür her, dass die DDR neuen Demütigungen ausgesetzt wird. Es gehe ihm darum, wie zu verhindern sei, dass die ehemalige militärische Führung der DDR, die ein Teil des Oberkommandos des Warschauer Paktes gewesen sei, vor Gericht gestellt werde. [...] Margot H. stellte die Frage, welche Garantien es denn für eine faire Behandlung Honeckers gäbe. Derjabin habe sich nicht dazu geäußert. Sie betrachte die Zustimmung der SU zu einer ›freiwilligen Rückkehr‹ Honeckers als Auslieferung. Als Ehefrau müsse sie auch auf den Gesundheitszustand ihres Mannes verweisen. Die ärztlich angeordneten Kontrollen müssten umgehend erfolgen, weil der festgelegte Zeitpunkt längst überschritten sei. [...] Derjabin unterstrich nochmals, dass es keine Entscheidungen ohne unsere Zustimmung geben wird. Wahrscheinlich werde er den Botschafter der BRD informieren. Aus Zeitungsberichten entnahmen wir, dass er dies am gleichen Tag tat.«

24. Februar 1992: Einlieferung in die Moskauer Botkin-Klinik.

26. Februar 1992: Brief von 19 Abgeordneten der russischen Duma – ausnahmslos Ärzte – an Jelzin, sie zu den Untersuchungen Honeckers zuzulassen. Das Ersuchen wurde abgelehnt. Rudolf Gun, einer der berühmtesten russischen Chirurgen, der zu dieser Gruppe gehörte, hinterher: »Es gibt die ärztliche Schweigepflicht, aber unmöglich kann man die Unehrenhaftigkeit der Ärzte verschweigen, die das Gutachten erstellten.«

3. März 1992: Der chilenische Botschafter Clodomiro Almeyda holt die Honeckers aus dem Krankenhaus wieder in die Botschaft.

6. März 1992: Chile kündigt den Gaststatus zum Aufenthalt in der Residenz des Botschafters. In einer Regierungserklärung wird auf innenpolitische Probleme und die Belastungen der Beziehungen zu Deutschland und Russland verwiesen. Erich Honecker: »Ich erkläre, dass ich gegenwärtig nicht bereit bin, freiwillig nach Deutschland zurückzukehren. Das Verlangen der Regierung der Bundesrepublik Deutschland, das ehemalige Staatsoberhaupt der Deutschen Demokratischen Republik und Unterzeichner der Schlussakte von Helsinki an die Bundesrepublik Deutschland auszuliefern, entbehrt jeder Grundlage. […] Ich bin nicht bereit mich […] durch die Regierung der BRD als Krimineller behandeln zu lassen […]. Es ist bedauerlich, dass Politiker der BRD, die zu mir in meiner Amtszeit als Vorsitzender des Staatsrates der DDR ein sachliches, auf der Basis gegenseitiger Achtung beruhendes Verhältnis unterhielten, jetzt zulassen und sogar Einfluss darauf nehmen, dass eine Vorverurteilung meiner Person unerhörten Ausmaßes stattfindet, die eine faire Behandlung ausschließt. […]

Ich bekräftige nochmals: über die deutsche und internationale Geschichte kann und darf nicht die deutsche Justiz richten.«

16. März 1992: Der Spiegel 12/1992 schreibt: »Mit einer rüden diplomatischen Demarche gegenüber der Regierung in Chile ist Außenminister Hans-Dietrich Genscher […] in heftige Kritik geraten. […] wird ihm vorgeworfen unter dem Eindruck eines Kommentars der *BILD*-Zeitung seinem Pressesprecher Hanns Heinrich Schumacher eine Note in den Block diktiert, in der ultimativ die Auslieferung […] Honeckers aus der chilenischen Botschaft verlangt« wurde. »Der AA-Chef habe sich darin auch einer Sprache bedient, die es der chilenischen Regierung bis auf weiteres unmöglich mache, dem Bonner Wunsch ohne Gesichtsverlust nachzukommen.«

10. April 1992: Der nach Moskau entsandte Sonderbeauftragte der chilenischen Regierung, James Holger, bittet Erich Honecker, die Botschaftsresidenz zu verlassen, nachdem die Jelzin-Regierung mit einem Gewaltakt gedroht hat.

20. Mai 1992: In einem Gespräch dankt E. H. für die großen Anstrengungen, die Chile, als das einzige von den beteiligten Ländern (Deutschland, Russland, Chile) unternommen habe. Die Haltung Deutschlands gegenüber Chile zeige leider eine gefährliche großdeutsche Haltung, was er persönlich sehr bedauere.

22. Juli 1992: Die Botschaft der BRD in Moskau schickt eine Verbalnote an das Ministerium für Auswärtige Angelegenheiten der Russischen Föderation (laufende Nummer 001387): »Die Regierung der Bundesrepublik ersucht die russische Regierung [...] ihr zu bestätigen, dass Herr Honecker nach Deutschland zurücküberstellt wird... Nur durch eine Rücküberstellung kann die erfolgte Verletzung des Völkerrechts wiedergutgemacht werden.«

29. Juli 1992: 13 Uhr: Gespräch mit dem Sonderbotschafter Holger. Er verlas die Note, die E. H. unter Protest zur Kenntnis nahm. Holger erklärte: Wir sind überzeugt, obwohl E. H. anderer Meinung ist, dass er einen fairen Prozess bekommen wird.

17 Uhr: Chile erklärt offiziell die Aufhebung des Gastrechts in der Residenz. »Wir übergeben sie an Russland und wünschen, dass sich dies würdig vollzieht.« Bei Ende des Gesprächs erschienen russische Beamte, Vertreter des Außenministeriums und Sicherheitskräfte. Die Russen gaben E. H. auf chilenischem Territorium zehn Minuten Zeit, um sich umzuziehen und seine Sachen zu packen. Sie bestanden darauf, dass er nur in Begleitung sein Zimmer betreten dürfe. Sonderbotschafter Holger erklärte sich bereit, mit ihm zu gehen. Er begleitete ihn auf E. H.'s Wunsch hin zum Flugplatz, wo die deutsche Maschine bereits mit laufenden Turbinen startbereit stand. Vom Flughafen in Berlin wurde er in die Haftanstalt Moabit gebracht.

26. August 1992: Ärztliches Gutachten von Prof. Schneider und anderen: »1. Zum jetzigen Zeitpunkt ist die Haftfähigkeit gegeben. [...]

2. [...] in Kenntnis einer metasierenden bösartigen Erkrankung ist die Frage nach der Vernehmungsfähigkeit nur eingeschränkt zu bejahen. [...]

4. In Hinblick auf die bösartige Erkrankung [...] ist es, auch wenn prognostische Überlegungen in solchen Fällen außerordentlich schwierig sind, schwer vorstellbar, dass Herr Honecker eine Verhandlung über 2 Jahre durchsteht.«

26. Oktober 1992: Der Herausgeber des *Spiegel*, Rudolf Augstein überschreibt seinen Kommentar zum Honecker-Prozess mit »Die Justiz-Farce« und spart nicht mit Formulierungen, wie sie in diesen Tagen kaum jemand wagt: »Die deutsche Justiz kann sich den Schnurrbart zwirbeln, sie hat es erreicht: Gegen den ehemaligen Staatsratsvorsitzenden Erich Honecker, einem todkranken Mann, ist das Hauptverfahren eröffnet worden. Wenn es denn die Sache der Staatsanwälte war, dem Rachegefühl der vom DDR-Regime Beschädigten zu entsprechen, wäre es die Pflicht des Berliner Landgerichts gewesen, die Eröffnung des Verfahrens zu verweigern.

Es wäre so leicht gewesen auf Grund der wohl tödlichen Krebserkrankung des Angeklagten aus dem Verfahren, das nur blamabel enden kann, auszusteigen, […]. Wir begeben uns ganz sachte in das Rechtsgefühl der Supermacht USA, deren Regierung ihren vormaligen Komplizen Manuel Noriega, Diktator von Panama, zu 40 Jahren Gefängnis verurteilen ließ. Die Vereinigten Staaten können sich das leisten, weil sie ohnehin das Völkerrecht ständig brechen. […] Rache muss kalt genossen werden, meinte der alte Adenauer. Aber diese Rache hier, für die ein kranker, ein zu alter und im Übrigen ein nahezu schuldunfähiger Mann herhalten soll, wird uns noch schwer im Magen liegen. Um es mit aller Zurückhaltung auszudrücken: Der westdeutsche Staat und alle seine zuständigen Organe haben in dieser Sache bis zur Lächerlichkeit versagt.«

12. November 1992: Beginn der Hauptverhandlung.

3. Dezember 1992: Erich Honecker hält vor Gericht die letzte Rede seines Lebens. Er hatte sich eine Schreibmaschine ins Gefängnis bringen lassen und den Text in der Zelle selbst getippt. »Ich werde dieser Anklage und diesem Gerichtsverfahren nicht dadurch den Anschein des Rechts verleihen, dass ich mich gegen den offensichtlich unbegründeten Vorwurf des Totschlages verteidige. Verteidigung erübrigt sich auch, weil ich Ihr Urteil nicht mehr erleben werde. Die Strafe, die Sie mir offensichtlich zudenken, wird mich nicht mehr erreichen. Das weiß heute jeder. Ein Prozess gegen mich ist schon aus diesem Grunde eine Farce. Er ist ein politisches Schauspiel.« Damit begann sein »Plädoyer«: »Niemand in den alten Bundesländern, einschließlich der Frontstadt Westberlin, hat das Recht, meine Genossen Mitangeklagten, mich oder irgendeinen anderen Bürger der DDR wegen Handlungen anzuklagen oder gar zu verurteilen, die in Erfüllung staatlicher Aufgaben der DDR begangen worden sind.

Wenn ich hier spreche, so spreche ich allein, um Zeugnis abzulegen für die Ideen des Sozialismus, für eine gerechte politische und moralische Beurteilung der von mehr als einhundert Staaten völkerrechtlich anerkannten Deutschen Demokratischen Republik. Diese jetzt von der BRD als ›Unrechtsstaat‹ apostrophierte Republik war ein Mitglied des Weltsicherheitsrates, stellte zeitweise den Vorsitzenden dieses Rates und stellte auch einmal den Vorsitzenden der UN-Vollversammlung.

Die gerechte politische und moralische Beurteilung der DDR erwarte ich nicht von diesem Prozess und diesem Gericht. Ich nehme jedoch die Gelegenheit dieses Politschauspieles wahr, um meinen Standpunkt meinen Mitbürgern zur Kenntnis zu geben.

Meine Situation in diesem Prozess ist nicht ungewöhnlich. Der deutsche Rechtsstaat hat schon Karl Marx, August Bebel, Karl Liebknecht und viele andere Sozialisten und Kommunisten angeklagt und verurteilt. Das Dritte Reich hat dies mit den aus dem Rechtsstaat der Weimarer Republik übernommenen Richtern in vielen Prozessen fortgesetzt, von denen ich selbst einen als Angeklagter erlebt habe. Nach der Zerschlagung des deutschen Faschismus und des Hitlerstaates brauchte die BRD nicht nach neuen Staatsanwälten und Richtern zu suchen, um erneut Kommunisten massenhaft strafrechtlich zu verfolgen, ihnen mit Hilfe der Arbeitsgerichte

Arbeit und Brot zu nehmen und sie mit Hilfe der Verwaltungsgerichte aus dem öffentlichen Dienst zu entfernen oder sie auf andere Weise zu verfolgen. Nun geschieht uns das, was unseren Genossen in Westdeutschland schon in den 50er Jahren geschah. Es ist seit ca. 190 Jahren immer die gleiche Willkür. Der Rechtsstaat BRD ist kein Staat des Rechts, sondern ein Staat der Rechten.

Für diesen Prozess wie für andere Prozesse, in denen andere DDR-Bürger wegen ihrer ›Systemnähe‹ vor Straf-, Arbeits-, Sozial- und Verwaltungsgerichten verfolgt werden, muß ein Argument herhalten. Die Politiker und Juristen sagen, wir müssen die Kommunisten verurteilen, weil wir die Nazis nicht verurteilt haben. Wir müssen diesmal die Vergangenheit aufarbeiten. Das leuchtet vielen ein, ist aber ein Scheinargument. Die Wahrheit ist, dass die westdeutsche Justiz die Nazis nicht bestrafen konnte, weil sich Richter und Staatsanwälte nicht selbst bestrafen konnten.

Die Wahrheit ist, dass diese bundesdeutsche Justiz ihr derzeitiges Niveau, wie immer man es beurteilt, den übernommenen Nazis verdankt. Die Wahrheit ist, dass die Kommunisten, die DDR-Bürger heute aus den gleichen Gründen verfolgt werden, aus denen sie in Deutschland schon immer verfolgt wurden. Nur in den 40 Jahren der Existenz der DDR war das umgekehrt. Dieses Versäumnis muss nun ›aufgearbeitet‹ werden. Das alles ist natürlich rechtsstaatlich. Mit Politik hat es nicht das Geringste zu tun.

Die führenden Juristen dieses Landes, gleich ob Angehörige der Regierungsparteien oder der SPD, erklären beschwörend, unser Prozess sei ein ganz normales Strafverfahren und kein politischer Prozess, kein Schauprozess. Man sperrt die Mitglieder eines der höchsten Staatsorgane des Nachbarstaates ein und sagt, das hat mit Politik nichts zu tun. Man wirft den Generalen eines gegnerischen Militärbündnisses militärische Entscheidungen vor und sagt, das hat mit Politik nichts zu tun. Man nennt die heute Verbrecher, die man gestern ehrenvoll als Staatsgäste und Partner in dem gemeinsamen Bemühen, dass nie wieder von deutschem Boden ein Krieg ausgeht, begrüßt hat. Auch das soll mit Politik nichts zu tun haben.

Man klagt Kommunisten an, die, seit sie auf der politischen Bühne erschienen sind, immer verfolgt wurden, aber heute in der BRD hat das mit Politik nichts zu tun.

Für mich, und wie ich glaube, für jeden Unvoreingenommenen liegt auf der Hand: Dieser Prozess ist so politisch, wie ein Prozess gegen die politische und militärische Führung der DDR nur sein kann. Wer das leugnet, der irrt nicht, sondern der lügt. Er lügt, um das Volk ein weiteres Mal zu betrügen. Mit diesem Prozess wird das getan, was man uns vorwirft. Man entledigt sich der politischen Gegner mit den Mitteln des Strafrechts, aber natürlich ganz rechtsstaatlich.

Auch andere Umstände lassen unübersehbar erkennen, dass mit dem Prozess politische Ziele verfolgt werden. Warum war der Bundeskanzler, war Herr Kinkel, der frühere Geheimdienstchef, spätere Justizminister und noch spätere Außenminister der BRD, so darauf aus, mich, koste es, was es wolle, nach Deutschland zurückzuholen und wieder nach Moabit zu bringen, wo ich unter Hitler schon einmal war? Warum ließ mich der

Bundeskanzler erst nach Moskau fliegen, um dann Moskau und Chile unter Druck zu setzen, mich entgegen jedem Völkerrecht auszuliefern? Warum mussten russische Ärzte die richtige Diagnose, die sie auf Anhieb gestellt hatten, verfälschen? Warum führt man mich und meine Genossen, denen es gesundheitlich nicht viel besser geht als mir, dem Volke vor wie einst die römischen Cäsaren ihre gefangenen Gegner vorführten?

Ich weiß nicht, ob das alles noch rational zu erklären ist. Vielleicht bewahrheitet sich hier das alte Wort: Wen Gott vernichten will, den schlägt er zuvor mit Blindheit. [...]

Es ist doch wohl jedem klar, dass alle diejenigen Politiker, die sich einst um eine Audienz bei mir bemühten und die sich freuten, mich bei sich begrüßen zu dürfen, von diesem Prozess nicht unbeschadet bleiben. Dass an der Mauer Menschen erschossen wurden, dass ich der Vorsitzende des Nationalen Verteidigungsrates, der Generalsekretär, der Vorsitzende des Staatsrates der DDR war, der für diese Mauer als höchster lebender Politiker die größte Verantwortung trug, wusste jedes Kind in Deutschland und darüber hinaus.

Es gibt demnach nur zwei Möglichkeiten: Entweder haben die Herren Politiker der BRD bewusst, freiwillig und sogar begierig Umgang mit einem Totschläger gesucht oder sie lassen jetzt bewusst und genussvoll zu, dass Unschuldige des Totschlags bezichtigt werden. Keine dieser beiden Möglichkeiten wird Ihnen zur Ehre gereichen. Eine dritte Möglichkeit gibt es nicht. Wer dieses Dilemma in Kauf nimmt, so oder so ein Mensch ohne Charakter zu sein, ist entweder blind oder verfolgt ein Ziel, das ihm mehr gilt als die Bewahrung seiner Ehre.

Nehmen wir an, dass weder Herr Kohl noch Herr Kinkel noch all die anderen Herren Ministerpräsidenten und Parteiführer der Bundesrepublik Deutschland blind sind (was ich dennoch nicht ausschließen kann), dann bleibt als politisches Ziel dieses Prozesses nur die Absicht, die DDR und damit den Sozialismus in Deutschland total zu diskreditieren. Die Niederlage der DDR und des Sozialismus in Deutschland und in Europa allein genügt ihnen offenbar nicht. Es soll alles ausgerottet werden, was diese Epoche, in der Arbeiter und Bauern regierten, in einem anderen als furchtbarem, verbrecherischem Licht erscheinen lässt. […] Total sollen der Sieg der Marktwirtschaft (wie man den Kapitalismus heute euphemistisch nennt) und die Niederlage des Sozialismus sein. Man will, wie es Hitler einst vor Stalingrad sagte, ›dass dieser Feind sich nie mehr erheben wird‹. Die deutschen Kapitalisten hatten eben immer schon einen Hang zum Totalen. […]

Der unnatürliche Tod jedes Menschen in unserem Land hat uns immer bedrückt. Der Tod an der Mauer hat uns nicht nur menschlich betroffen, sondern auch politisch geschädigt. Vor allen anderen trage ich seit Mai 1971 die Hauptlast der politischen Verantwortung dafür, dass auf denjenigen, der die Grenze zwischen der DDR und der BRD, zwischen Warschauer Vertrag und NATO, ohne Genehmigung überschreiten wollte, unter den Bedingungen der Schusswaffengebrauchsbestimmung geschossen wurde. Das ist sicher eine schwere Verantwortung. Ich werde später noch darlegen, warum ich sie auf mich genommen habe. Hier, bei der Bestimmung des politischen Ziels dieses Prozesses, komme ich jedoch nicht umhin, auch festzustellen, mit welchen Mitteln das Prozessziel Verunglimpfung der DDR erreicht werden soll. Dieses Mittel sind die Toten an der Mauer. Sie sollen und werden diesen Prozess wie schon vorangegangene Prozesse medienwirksam gestalten.

Es fehlen dabei die ermordeten Grenzsoldaten der DDR. Wir und vor allem Sie haben bereits erlebt, wie ohne Rücksicht auf Pietät und Anstand die Bilder der Toten vermarktet wurden. Damit soll Politik gemacht und Stimmung erzeugt werden. Jeder Tote wird so gebraucht, richtiger missbraucht, im Kampf der Unternehmer um den Erhalt ihres kapitalistischen Eigentums. Denn um nichts anderes geht es bei dem Kampf gegen den Sozialismus. Die Toten sollen die Unmenschlichkeit der DDR und des Sozialismus beweisen und von der Misere der Gegenwart und den Opfern der sozialen Marktwirtschaft ablenken. Das alles geschieht demokratisch, rechtsstaatlich, christlich, human und zum Wohle des deutschen Volkes.

Armes Deutschland. […]

Wahr ist, dass der Bau der Mauer auf einer Sitzung der Staaten des Warschauer Vertrages am 5. August 1961 in Moskau beschlossen wurde. In diesem Bündnis sozialistischer Staaten war die DDR ein wichtiges Glied, aber nicht die Führungsmacht. Dies dürfte gerichtsbekannt sein und braucht wohl nicht bewiesen zu werden.

Da wir – wie ich schon sagte – offensichtlich niemand persönlich totgeschlagen noch den Totschlag eines

Menschen unmittelbar befohlen haben, wird der Bau der Mauer, ihre Aufrechterhaltung und die Durchsetzung des Verbots, die DDR ohne staatliche Genehmigung zu verlassen, als Tötungshandlung angesehen. Mit Politik soll das alles nichts zu tun haben. Die deutsche Jurisprudenz macht das möglich. Nur vor der Geschichte und dem gesunden Menschenverstand wird sie damit nicht bestehen. Sie wird nur ein weiteres Mal demonstrieren, woher sie kommt, wes Geistes Kind sie ist und wohin Deutschland zu gehen im Begriffe steht.

Wir alle, die wir in den Staaten des Warschauer Vertrages damals Verantwortung trugen, trafen diese politische Entscheidung gemeinsam. Ich sage das nicht, um mich zu entlasten und die Verantwortung auf andere abzuwälzen; ich sage es nur, weil es so und nicht anders war, und ich stehe dazu, dass diese Entscheidung damals, 1961, richtig war und richtig blieb, bis die Konfrontation zwischen den USA und der UdSSR beendet war. Eben diese politische Entscheidung und die Überzeugungen, die ihr zugrunde liegen, sind der Gegenstand dieses Prozesses.

Man muss schon blind sein oder bewusst vor den Geschehnissen der Vergangenheit die Augen verschließen, um diesen Prozess nicht als politischen Prozess der Sieger über die Besiegten zu erkennen, um nicht zu erkennen, dass er eine politisch motivierte Entstellung der Geschichte bedeutet. Wenn Sie diese politische Entscheidung für falsch halten und mir und meinen Genossen die Toten an der Mauer zum strafrechtlichen Vorwurf machen, dann sage ich Ihnen, die Entscheidung, die Sie für richtig halten, hätte Tausende oder

Millionen Tote zur Folge gehabt. Das war und das ist meine Überzeugung und, wie ich annehme, auch die Überzeugung meiner Genossen. Wegen dieser politischen Überzeugung stehen wir hier vor Ihnen. Und wegen Ihrer andersartigen politischen Überzeugung werden Sie uns verurteilen.

Wie und warum es zum Bau der Mauer gekommen ist, interessiert die Staatsanwaltschaft nicht. Kein Wort steht darüber in der Anklage. Die Ursachen und Bedingungen werden unterschlagen, die Kette der historischen Ereignisse wird willkürlich zerrissen. Erich Honecker hat die Mauer gebaut und aufrechterhalten. Basta! So einfach vermag der bundesdeutsche Jurist die Geschichte zu sehen und darzustellen. Hauptsache, der Kommunist wird zum Kriminellen gestempelt und als solcher verurteilt. Dabei kann doch jeder Deutsche wissen, wie es zur Mauer kam und warum dort geschossen wurde. Da die Anklage so tut, als sei es dem Sozialismus eigen, Mauern zu bauen und daran Menschen erschießen zu lassen, und als trügen solche ›verbrecherischen‹ Einzelpersonen wie ich und meine Genossen dafür die Verantwortung, muss ich, ohne Historiker zu sein, die Geschichte, die zur Mauer führte, rekapitulieren. […]

Die Bildung der DDR war eine zeitliche und logische Folge der Bildung der BRD. Nunmehr existierten zwei deutsche Staaten nebeneinander. Die BRD war jedoch nicht gewillt, die DDR anzuerkennen und mit ihr friedlich zu leben. Sie erhob vielmehr für ganz Deutschland und alle Deutschen den Alleinvertretungsanspruch. Sie verhängte mit Hilfe ihrer Verbündeten über die DDR ein

Wirtschaftsembargo und versuchte so, die DDR wirtschaftlich und politisch zu isolieren. Es war eine Politik der nichtkriegerischen Aggression, die die BRD gegen die DDR führte. Es war dies die Form des Kalten Krieges auf deutschem Boden. Es war diese Politik, die zur Mauer führte. […]

Bedeutende Politiker außerhalb Deutschlands, aber auch in der BRD, erkannten nach 1961 an, dass der Bau der Mauer die Weltlage entspannt hatte. Franz Josef Strauß schrieb in seinen Erinnerungen: ›Mit dem Bau der Mauer war die Krise, wenn auch in einer für die Deutschen unerfreulichen Weise, nicht nur aufgehoben, sondern eigentlich auch abgeschlossen.‹ (Seite 390) Vorher hat er über den geplanten Atombombenabwurf im Gebiet der DDR berichtet. (Seite 388)

Aus meiner Sicht hätte es weder den Grundlagenvertrag noch Helsinki, noch die Einheit Deutschlands gegeben, wenn damals die Mauer nicht gebaut oder wenn sie vor der Beendigung des Kalten Krieges abgerissen worden wäre. Deswegen meine ich, dass ich genauso wie meine Genossen, nicht nur keine juristische, sondern auch keine politische und keine moralische Schuld auf mich geladen habe, als ich zur Mauer ja sagte und dabei blieb. […] Uns schalt man ›Betonköpfe‹ und warf uns Reformunfähigkeit vor.

In diesem Prozess wird demonstriert, wo die Betonköpfe herrschen und wer reformunfähig ist. Nach außen ist man zwar äußerst geschmeidig, wird Gorbatschow die Ehrenbürgerschaft von Berlin verliehen, wird gnädig verziehen, dass er einst die sogenannten Mauerschützen durch seinen Eintrag in ihr Ehrenbuch belobigte, aber nach innen ist man ›hart wie Kruppstahl‹. Den einstigen Verbündeten von Gorbatschow stellt man dagegen vor Gericht. Gorbatschow und ich gehörten beide der kommunistischen Weltbewegung an. Es ist bekannt, dass wir in einigen wesentlichen Punkten verschiedener Meinung waren. Doch unsere Differenzen waren aus meiner damaligen Sicht geringer als unsere Gemeinsamkeiten. Mich hat der Bundeskanzler nicht mit Goebbels verglichen, und ich hätte ihm das auch nicht verziehen. Weder für den Bundeskanzler noch für Gorbatschow ist dieses Strafverfahren ein Hindernis für ihre Duzfreundschaft. Auch das ist kennzeichnend.

Ich bin am Ende meiner Erklärung. Tun Sie, was Sie nicht lassen können.«[10]

13. Januar 1993: Die Zahlstelle der Justizvollzugsanstalt Moabit übermittelt Erich Honecker den Kontoauszug Nr. 26, aus dem hervorgeht, das er 1.409,54 DM bei sich hatte, als er eingeliefert wurde, 201,64 DM während seiner Haftzeit ausgab – davon 2,00 DM für Briefmarken – und bei seiner Entlassung 1.217,20 DM ausgezahlt bekam. Er wird in der Nähe des Flughafens Tegel in einer stark gesicherten Kaserne bis zum Abflug seiner Maschine festgehalten.

14. Januar 1993: Santiago de Chile. E. H. verliest eine Erklärung, die er im Flugzeug geschrieben hat: »Es fällt mir schwer, jetzt auszudrücken, was mich bewegt. Hinter mir liegen seit Juli 1989 viele Krankenhausaufenthalte und mehr als fünf Monate Gefängnishaft. Gleich zu Beginn dieser Zeit erhielt ich Kenntnis von meiner unheilbaren Krankheit. Gestärkt hat mich die Solidarität vieler meiner Landsleute und von Freunden und Genossen aus aller Welt. – Ich habe nicht mehr geglaubt, dass ich meine Frau, die auch meine tapfere und treue Mitstreiterin ist, noch einmal wiedersehen würde. Damit erfüllt sich mein letzter persönlicher Wunsch. Ich danke dem chilenischen Volk und seiner Regierung dafür, dass sie mir diesen Wunsch erfüllen.«

Tausende Chilenen waren gekommen, um ihn zu empfangen. Die Ärzte hatten bereits vor der Landung entschieden, dass er ohne jeden Verzug ins Krankenhaus transportiert werden müsse. Die Menge hatte Verständnis dafür.

15. Januar 1993: Entlassung aus der Klinik »Las Condes«.

26. Januar 1993: Das Landgericht Berlin an E. H. in Chile: »In der Strafsache gegen Sie […] hat das Kammergericht am 13. Januar 1993 die Einstellung des Verfahrens aufgehoben. Dementsprechend ist die Fortsetzung der Hauptverhandlungen für den 8. Februar 9.30 Uhr im Saal 500 des Kriminalgerichts […] anberaumt worden.

6. März 1993: Bluttransfusion in der Klinik.

12. Juli 1993: Die Republik Chile bestätigt mit dem Zertifikat 5503 die Aufenthaltsgenehmigung Erich Honeckers. Als Berufsbezeichnung wird eingetragen: »Ex-Presidente«.

15. September 1993: E. H. muß zu einer weiteren Bluttransfusion in die Klinik gefahren werden.

5. Dezember 1993: E. H. wird wieder in die Klinik eingeliefert. In den Tagen darauf wird ihm ein Herzschrittmacher eingesetzt und eine Sonde implantiert, um ihn künstlich ernähren zu können.

17. April 1994: Die Ärzte diagnostizieren eine weitere Verschlechterung seines Gesundheitszustandes und verordnen künstliche Beatmung in gewissen Situationen.

29. Mai 1994: Um 8.20 Uhr stirbt Erich Honecker in seiner Wohnung im Stadtteil La Reina in Santiago de Chile.

Anmerkungen zum Fazit eines Lebens

Der Tag ist nicht fern, an dem man sich Erich Honeckers 100. Geburtstags wird erinnern müssen. Müssen wird, weil man den durch kein Dekret annullieren kann.

Zugegeben: Es mangelt für diesen Tag nicht an Literatur, um einmal mehr das Bild eines Mannes zu präsentieren, von dem alles mögliche behauptet wird. So, dass er ein nach Macht strebender Intrigant gewesen sei, der seinen Aufgaben nicht gewachsen war und in seinem Leben vieles, wenn nicht gar alles falsch gemacht hat, weshalb er der Alleinschuldige am Untergang der DDR gewesen sein soll.

Die wirklich den Untergang bewirkten, haben es immer geleugnet. So konnte sich in Moskau niemand der Stunde erinnern, als Erich Honecker 1970 in einem Moskauer Krankenhaus den eben operierten Breshnew besuchte und der diesen Augenblick für den geeigneten hielt, ihm zu sagen: »Vergiss nie, ohne uns gibt es keine DDR!«

Als sich Breshnews Nachfolger Gorbatschow zwanzig Jahre später dessen besann und die DDR verhökerte, wäre dieser Schritt höchstens – virtuell – zu vereiteln gewesen, wenn die DDR über die weltgrößten Erdölvorkommen verfügt hätte.

Aber die DDR war ihr Leben lang arm und verfügte nur über nicht sehr umweltfreundliche Braunkohle. Dass sie dennoch bestand und einen von niemandem zu leugnenden Aufstieg vollbrachte, war ihren Bürgern zuzuschreiben und auch der Partei, die sie regierten und die zum Beispiel ein heute noch nachgeahmtes Bildungssystem entwickelte, die Landwirtschaft in einer Weise reformierte, die sich bis heute behauptet, Obdachlosigkeit und Hunger ausrottete und vieles mehr zuwegebrachte.

Erich Honecker stand lange an der Spitze dieser Partei, und als ihn Gorbatschow und auch manche seiner einstigen Freunde verrieten, versuchte er sich nicht herauszureden, sondern übernahm mehr Schuld am Untergang der DDR, als möglicherweise auf sein Konto kam.

Man mag Erich Honecker vorwerfen, was man will – und das inzwischen angestapelte Arsenal der Vorwürfe ist bekanntlich unermesslich –, festzustellen bleibt: Verraten hat er in seinem Leben nie jemanden und schon gar nicht die Ideale, denen zu dienen er sich als junger Mensch geschworen hatte.

Ich hatte manche Begegnung mit ihm, drei will ich knapp schildern, um mit meinem persönlichen Bild von ihm zu schließen.

Am Abend des 3. Januar 1960 rief er mich zu Hause an und bat mich, in sein Büro zu kommen. Ich fragte nach einem Termin. »Nein, jetzt«, antwortete er.

Ich fuhr hin, er erzählte mir, dass der Skispringer Harry Glaß bei den Olympiaausscheidungen mit der BRD in Innsbruck schwer gestürzt und ins Krankenhaus eingeliefert worden sei. Die Mannschaft hatte weiterreisen müssen zur nächsten Ausscheidung. Er bat mich augenblicklich loszufahren, damit sich jemand am nächsten Morgen im Krankenhaus um ihn kümmere: »Er soll spüren, dass er uns am Herzen liegt, auch wenn er keine Chance mehr für Olympia hat.« Ich fuhr und stand am Morgen an seinem Bett. Glaß litt unter großen Schmerzen und bat mich flüsternd, ihm ein paar Flaschen gutes Bier zu beschaffen, damit er endlich schlafen könne. Ich konferierte mit dem Arzt. Er akzeptierte die Bier-Therapie.

»Siehste, das meinte ich«, sagte Honecker nach meiner Rückkehr.

Eines Tages nahm er mich in seinem Auto von Oberhof nach Ilmenau mit. Das alles überragende Panorama-Hotel war gerade errichtet worden. Man wollte Devisen damit erwirtschaften. Honecker setzte sich mit der Variante durch, die eine Hälfte des Hotels als Gewerkschafts-Ferienheim zu nutzen. Während der Autofahrt erzählte er mir das Motiv seines Vorschlags: »Wir haben uns als Halbwüchsige an den Scheiben der Hotels die Nasen platt gedrückt, in denen die Reichen tafelten. Ich habe mir irgendwann geschworen, dass es in der DDR so etwas nicht geben sollte.«

Als der Präsident des Internationalen Olympischen Komitees, der spanische Ex-Faschist Juan Antonio Samaranch, fürchten musste, dass die Sowjetunion und ihre Verbündeten die Spiele 1988 in Seoul boykottieren würden, versicherte ihm Erich Honecker: »Wir werden uns nie mehr an einem Boykott beteiligen.«

Samaranch hielt dieses Versprechen für so wertvoll, dass er zu einer von Erich Honecker nach Berlin einberufenen Konferenz der kernwaffenfreien Staaten reiste, obwohl weder er noch das IOC das geringste mit Kernwaffen zu tun hatten.

Ich fragte ihn nach seinem Motiv und er antwortete mir: »Auf den Mann ist Verlass, das können sie ruhig schreiben.«

Ich weiß, dass man das höchstens als Randerlebnisse hinnehmen wird. Ich wollte nichts schreiben, was in ein Epos passt! Noch einmal: Die Zahl derer, die ihm alle Schuld anlasten wollten, war groß. Auch dass er sich gegen die nie verteidigte, zeugt für den Menschen Erich Honecker! Und sollte mir jemand vorwerfen wollen, dass doch vieles von dem, was ich hier schrieb, längst bekannt war, gestatte ich mir, drei Antworten zu geben.

1. Ich erinnere mich meines Lateinlehrers, der mir den pädagogischen Grundsatz des Mittelalters empfahl: Repet'itio es m'ater studiorum – die Wiederholung ist die Mutter aller Studien und:

2. Ich erlebe jeden Tag, wie man die gegen die DDR und Honecker erhobenen Vorwürfe wiederholt und schließe daraus, dass in dieser Hinsicht das Mittelalter noch nicht beendete ist.

3. Auch für den Atheisten Honecker gilt der Römer-Brief im Neuen Testament: »Ehre, dem Ehre gebührt!«

Anmerkungen

1 Thomas Kunze, Staatschef a. D. Die letzten Jahre des Erich Honecker, Report. Berlin 2001, S. 124f.
2 Ebenda
3 Privatarchiv des Autors
4 Ebenda
5 Ebenda
6 Ebenda
7 Klaus Huhn; Honeckers Bonn-Reise, spotless Berlin 2007, S. 39ff.
8 Ebenda
9 Ebenda
10 Die letzte Rede Erich Honeckers, zitiert nach: Friedrich Wolff, Verlorene Prozesse, edition ost, Berlin 2009